郭志坤 陈雪良 著

提问商子

矢志变革
法家英豪

提问诸子丛书

黄坤明 主编

上海人民出版社

图书在版编目（CIP）数据

提问商子/郭志坤,陈雪良著. —上海：上海人
民出版社,2017
（提问诸子丛书/黄坤明主编）
ISBN 978-7-208-14250-3

Ⅰ.①提… Ⅱ.①郭… ②陈… Ⅲ.①商鞅（前395年
-前338年）—人物研究 Ⅳ.①B226.25

中国版本图书馆CIP数据核字（2016）第303131号

出版统筹 孙 瑜
责任编辑 顾 雷
装帧设计 范昊如

· 提问诸子丛书 ·
黄坤明 主编
提 问 商 子

郭志坤 陈雪良 著

世 纪 出 版 集 团
上海人民出版社出版
（200001 上海福建中路193号 www.ewen.co）
世纪出版集团发行中心发行 上海中华印刷有限公司印刷
开本 720×1000 1/16 印张 9.75 插页 4
2017年1月第1版 2017年4月第2次印刷
ISBN 978-7-208-14250-3/B·1231
定价 58.00元

总　序

黄坤明

　　读诸子百家书,发觉古贤的思维模式有一个显著特点:善于提问。"孔子入太庙,每事问。"(《论语·八佾(yì)》)这个典故是人们熟知的。说孔子来到祭祀周公的太庙,提问频率之高,问题触及面之广,使亲历其境的人们感到惊异:都说孔子知礼,怎么还提问不断呢? 面对发问,孔子的回答既简洁又精彩:"是礼也!" 其意是讲,我是个善于提问的人,善于提问才使我真正知礼啊! 这是发生在孔子早年的事。"三十而立"后的数十年间,无论是教学弟子,还是答问友朋,或者与列国君臣周旋,孔子都喜欢用提问的方式来探求真知。在诸子中,孔子的影响是最大的,用司马迁的话说,是"学者宗之"的。正因为如此,孔子倡导的提问式思维模式影响了一代又一代文人墨客,成为中华文化的好传统。

　　提问对人来说真是个奇妙的东西,它会使人兴奋,使人坐卧不安,使人有索解的欲望,使人有不倦的探求精神。一个问题解决了,又会有新的问题产生。任何一个人都永远生存于提问和被提问之中。我们完全可以这样说,提问是驱动思想发展的真正的"永动机"。

　　我们常说,理论始于问题,科学始于问题,我们又何尝不可以说,学习始于问题呢?

　　我们常说,提出问题往往比解决问题还要难,其价值也往往更大。善于提问,敢于提问,正是孔子等先哲留给我们的一份极为珍贵的遗产。

　　我们着手策划这套有关前贤先哲的丛书的时候,孔子等先哲倡导的

"提问"思维模式一下激活了我们这些后学的思维。先哲们的思想是不朽的。为何不把先哲请到"前台"进行访谈呢？他们的身世如何？他们是怎么生活和学习的？为了传播学说，他们又是怎样远行千里的？说是学习，他们有没有实际意义上的课堂？他们手里捧着的又是何种意义上的"书本"？他们四处游说的学术主旨是什么？……甚至他们穿的服饰、吃的食品、驾的车辆都会在我们的心头形成一个个有情有趣、有滋有味的问题。

有鉴于此，我们将这套丛书取名为"提问诸子丛书"。这里有跨越时空的对话、通俗流畅的语言、富含哲理的剖析、见解独特的解说、图文并茂的装帧、考之有据的典章、实地拍摄的文物图片。我们所做的一切，都是冀望读者能喜欢这套独具特色的图书。

2010年春于杭州

目　录

前 言

　　商鞅其人，无疑是我国先秦时期法家学派的最重要代表人物之一。他依靠明君秦孝公的支持，在秦这块土地，带领秦国百姓出演了威武雄壮的历史变革剧，一度在秦国出现了"妇人婴儿皆言商鞅之法"（《战国策·秦策》）的壮观场景。正是这一场伟大的变法运动，把一个原先经济文化相对后进的"戎蛮之国"，建设成为大大走在山东诸国前头的"山林川谷美、天材之利多"的富国、强国。商鞅死后百年，即公元前221年，秦灭六国，中华大地上首次出现了中央集权的统一大帝国。"商鞅虽死，秦法未败。"一些史学家认为，"秦汉以后的中国的政治舞台是由商鞅开的幕"，这应该是不争的史实吧！

　　历史是最公正的裁判官。然而，历史的公正需要时日的考验，这种考验常常会长达千年，乃至更久。自太史公司马迁裁定商鞅"少恩"、"天资刻薄人"以来的两千余年间，其人"一直蒙恶名于后世"（章太炎语）。两千年间，言其滥用严刑峻法者有之，言其开人君纵恣专横霸道之统者有之，言其发明告奸连坐法实施法西斯统治者有之，言其"轻罪重罚"弄得人人自危者有之。这样一来，"学者耻言商鞅"，"商鞅之名，在天下如蛆蝇粪秽也，言之则污口舌，书之则污简牍。"（苏轼：《论商鞅》）这些批评当然不全是空穴来风，从一定意义上说，这些非议也反映了商鞅理论的某些致命缺陷。但是，历史最忌的是以偏概全。如果以商鞅的某些缺陷来概括和统领其人，把商鞅彻底妖魔化，那既违背了历史的真实和公正，又难以向商鞅的历史亡灵做出交代。

　　现在是到了该对商鞅这样巨功与显恶同在的复合型人物，做出公正而切合实际的评述的时候了。好在有由商鞅及其后学共同编定的《商君书》传世，好在有关于商鞅的诸多典章文献存世，我们相信，历史是会还商鞅以一个清明之身的。经过大家对种种史实的过滤和审视，一个真实的、立体的、鲜活的商鞅将会重现在中华史册上。

第一章 悲喜人生

　　商鞅的一生充满着传奇色彩。如果把他一生的传奇故事实录下来，那肯定足以惊天地、泣鬼神，让后世的人们为之动容。

　　商鞅一生的传奇色彩可以用"悲喜交集"四字来加以概括。商鞅生活在千载一时的大变革时代，前有吴起、李悝这样一些杰出的法家先驱，并世的有孟子这样的"善养浩然之气"的思想大家，稍后便是赵武灵王的"胡服骑射"。商鞅生逢变法迭起的大时代。身为这样一个大时代骄子，岂不可喜？商鞅作为一个变法志士，西入秦地，恰遇同样胸怀变革之志的孝公，志同道合，鼎力相助，破除重重险阻，在秦国实施了一系列变法举措，岂不是喜上加喜？

　　然而，商鞅的人生历程又带有明显的悲剧色彩。在前进的历程中，每一步都有阻障和重压。"法之不行，自上犯之。"他的刑太子师，进而加刑于秦公子，都为其"车裂以徇"的人生结局埋下了伏笔。可以说，悲愤、悲凉、悲壮，一直伴随着商鞅变法事业的全过程。

我们知道，您的母国是卫国，您与卫国的公室也算是一家人了。卫国是西周初分封的一个较为重要的诸侯国，第一任君主是周武王的弟弟康叔，定都在朝歌(今河南淇县)，后来迁都到楚丘(河南滑县)。在这个国家存在的近千年时间，卫国一共传了三十五个国君。到您商鞅生存的那个年代，卫国已经沦为三等小国，与强大的魏国有着某种臣属的关系。史书记载说："是时三晋强，卫如小侯，属之。"这些我们都是清楚的。后来读《史记·商鞅列传》，太史公一开头就在文中介绍说："商鞅者，卫之诸庶孽公子也，名鞅。"我们对何谓"庶孽公子"了解不够，请明示，可以吗？

商鞅： 正像你们了解的，我出生时卫国已很不景气。但是，正如俗话说的，百足之虫，死而不僵。据《史记·卫康叔世家》记载，我的祖父是卫慎公。慎公当政四十二年卒后，由他立为太子的一个儿子继位，那就是卫声公。声公即位十一年后死去，由他的儿子继位，那就是卫成侯。我当与卫成侯同辈。"成侯十一年，公孙鞅入秦。"我与卫成侯同为慎公的孙辈。

明白了这些，就可以说一说"庶孽公子"这个称谓了。作为侯国的国君，当然是妻妾成群的了。按照中国传统的礼数，正宫生的儿子，称为嫡子，而妃妾生的儿子，名为庶子，也有称为庶孽子的。《春秋公羊传·襄公二十七年》何休注："庶孽，众贱子，犹树之有孽生也。"树有主干，有分蘖枝。正室之子如树之主干，妃妾之子如树之分蘖。国君的正宫生的儿子，直称公子，一般而言太子(国王接班人)是在若干位公子中选立的，在正常情况下当然是应由嫡长子充任太子的，除非长公子有过或夭亡则另选他人。而妃妾生的儿子像树上的分蘖枝一样，是"贱"一等的，故称"庶孽公子"。我是卫声公众多妃妾所生公子中的一个，由是被称为"卫之诸庶孽公子"。

《春秋公羊传》书影

《春秋公羊传》，儒家经典《春秋》经的三传之一。上起鲁隐公元年，止于鲁哀公十四年，与《春秋》起讫时间相同。相传作者是战国齐人公羊高。该传起初只是口头流传，西汉景帝时，传至玄孙公羊寿，由公羊寿与胡毋生(子都)一起将《春秋公羊传》著于竹帛。《春秋公羊传》中保存了不少春秋时期的史料。

太史公在《史记》中时而称您为"卫鞅"，时而又称您为"公孙鞅"，您究竟是姓"卫"，还是姓"公孙"呢？查《仪礼·丧服》，上面的说法是："诸侯之子称公子，公子之子称公孙。"可是，上面说到您的祖父卫慎公从地位上说已降为"小侯"，已算不上是诸侯了，为何仍以"公孙"称之呢？有学者以为那是司马迁的一个误称，另一些学者为了使"公孙"之姓名正言顺地成立，还与有些史籍上说的"公孙氏"是黄帝一脉拉扯上关系，说您实际上是黄帝子孙。这样的众说纷纭，倒使人莫衷一是了。先生，您是当事人，您以为何种说法较为合理呢？

司马迁像

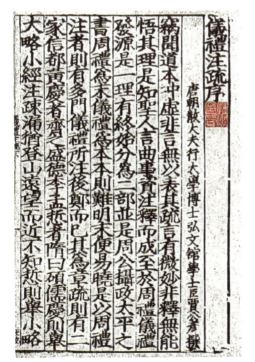

《仪礼》书影

商鞅： 卫国到慎公时期，的确已经降为屈从于强大诸侯国的小侯，难以用诸侯名之了，事实上当时的诸侯之盟会也早已不邀卫国君参加了。上面引述的《仪礼·丧服》上的说法是对的。但是，随着时日的迁移，人们的观念在变。初始时，"公孙"的确严格地指的是诸侯之孙，后来就大大泛化了，凡是贵族后裔而又在社会上声名卓著的，人们会称之为"公孙"。这既是尊崇，又是客礼。可见，说我姓卫，称为卫鞅是可以。同时，说我姓公孙，称我为公孙鞅，也是可以的。公孙鞅是人们对我这个有作为的"庶孽公子"的尊称，而卫鞅当是一种实称。有些学者说公孙是黄帝一脉的姓氏，因此又把我与黄帝后裔拉扯在一起，虽说是远了些，但也是事实，我们都是炎黄子孙嘛！

还有一个问题，也一并在这里问了吧，除了上述两种称谓外，现在为何人们又称您为商鞅呢？为何总是说"商鞅变法"，而不称"卫鞅变法"呢？难道"商鞅"这个名号是非得与"变法"挂钩在一起的吗？

商鞅：说对了，商鞅这个名号完全是变法的产物。"商"是我商鞅入秦以后实施变法取得很大成效后获取的姓。"（变法）行之十年，秦民大悦，道不拾遗，山无盗贼，家给人足。"又带领大军打败了强敌魏国。在这种情况下，"秦封之于商十五邑，号为商君。"商是当年周天子封的古国（河南商洛县一带），地盘不大，但位置相当的重要。商君的"君"，是一种尊称。《礼仪》："君，至尊也。"郑玄注："天子、诸侯及卿大夫有地者，皆曰君。"把这时的我称为"商君"，既是一种极高的荣誉，又是以其封地为依托的（按古制，没有一定封地，声誉再高也不能以"君"名之）。中国历来有以封地为姓的传统的，后人以我被封的"商"地为我姓，也就是顺理成章的事了。

郑玄像

郑玄，东汉末年经学大师，他遍注儒家经典，以毕生精力整理古代文化遗产，使经学进入了一个"小统一时代"。他尊称商鞅为"商君"。

商鞅雕像（商鞅广场）

4

知道了您的姓名以后，我们还很想知道您的生卒时间。您那个时代的人物的生卒年代常常模模糊糊，比如墨子、老子、庄子等，都很难有确切的生存时间可界定，据我们所知，您也存在那样的问题。许多学者都是依据某历史人物的某一坐标式的事件，再通过合理的推导，大致地勾勒出人物的生平行状的。请问：在您的一生中，有哪些确定无疑的坐标式的事件呢？

钱穆像

商鞅：我的生年虽然有点模糊，但我的卒年以及我的重要行踪的年代都是确定无疑的，也就是说，都有坐标式的事件可资佐证。这一点我比老子、庄子等要清晰得多。比如，我入秦的年份，那是可以肯定的，也就是秦孝公颁发《求贤令》的那年。秦孝公颁发《求贤令》史书上明确标明是在孝公元年，也就是公元前361年。孝公在位二十四年，死的那年是公元前338年，就在那一年，我被新登位的秦惠文王处死。

有了入秦和死亡这两个时间坐标，我的一生的生命历程也就可以较为精确地加以匡算了。钱穆先生在《先秦诸子系年·商鞅考》中认为，如果假定我入秦时是三十岁，那么我该是生于公元前390年的。这个设定如果可以成立的话，那么我一生是活了五十二岁的。这一设定受到了学术界绝大多数学者的首肯，简直可以说是成了一种共识。我也认为那是大致符合实际的。

钱穆作的《先秦诸子系年》
书影（商务印书馆出版）

说到商鞅的生年大致上可定为公元前390年，突然在我们的脑际跳出另一个大思想家孟子，学者也大致上考定其生于公元前390年。两人真可说是当时并世的思想界两颗巨星了。可是，使人百思不得其解的是：两人一生于鲁国的邹地，一生于卫国的王城，可说是毗邻而居了；两人后来都到过魏国，接触的是同一个魏惠王（即梁惠王），可是，在您的煌煌巨著《商君书》中，为何对孟子其人其事不着一笔呢？

商鞅：这一问问得好，问到了点子上了。从中可以窥见我的变法学说的特征。我要告诉大家的是：在我的《商君书》中，不只对孟子其人其事不着一笔，对其他的所谓诸子我也大都不着一笔。为何那样？就是因为我根本上反对学者之间的无休无止的辩论，尤其是反对孔孟儒家之徒的那一套。我在《商君书》中多次表明了我的观点。我在《垦令》篇中写道："国之大臣诸大夫，博闻、辩慧、游居之事，皆无得为。"我认为，孟子这些人到处与人"辩慧"，好像很有学问的样子，到处"游居"说事，我对他们的评价就是四个字："皆无得为。"就是你自以为是在"作为"，实际上是根本"无得为"，我认为就是"为"了，也是不会有什么实际价值的。在《农战》篇中，我更尖锐地指出："务学《书》《诗》……民以此教者，其国必削。"在这里我根本上否定了孟子等学者的诗书礼仪之教，那么，我对并世的孟子等人的不着一笔也就不难理解了。

《商君书》书影

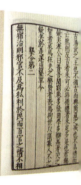

《商君书·垦令》书影

此篇共分两个方面内容，一是有关"垦荒法令"的内容，共有法令二十条；二是对法令的论证和解释。

您一生只活了五十来岁，就是在当时的人们看来也只能算是"中寿"。您用这有限的寿数，干出了轰轰烈烈的一番大事业，这是令人敬仰的。可是，班固等人又说您是"衰周之凶人"，语带讥刺之意。如果要您对自己的一生作回顾的话，能不能概括出若干的阶段来？

班固像

班固，东汉史学家、文学家。史学家班彪之子，潜心二十余年，修成《汉书》，他说："商鞅挟三术以钻孝公。"又说商鞅是"衰周之凶人"（《汉书·叙传上》）。

《汉书》书影

《汉书》，又称《前汉书》，为班固所撰，是中国第一部纪传体断代史，"二十四史"之一。《汉书·刑法志》说："秦用商鞅，连相坐之法，造参夷之诛，增加肉刑、大辟，有凿颠、抽肋、镬烹之刑。"这样就使不少人对于商鞅的印象就是一个酷吏。

商鞅： 已经有学者给我作过大致的概括了，称之为"商君人生十步曲"，我想写在这里，供读者参考。这十步曲是：第一步是"少好刑名之学"，这是人生迈出的第一步；第二步是"事魏相公叔痤为中庶子"，在魏国大约有十来年的时间，初步显示了我的才华；第三步是毅然"西入秦"，求见正在"求贤者"的秦孝公；第四步是舌战群臣，"定变法之令"，实施第一次变法；第五步是"立木取信"，争取广大民众支持；第六步是严惩违法者，积极推进变法；第七步是孝公封我为"大良造"，给予更大权力。迁都咸阳，实施第二次变法；第八步是以计大败魏军，孝公封之于商十五邑，号为"商君"，事业达到顶峰；第九步是应答赵良批评，对其劝阻表示不能接受，决然涉险前行，将改革事业进行下去；第十步是孝公亡，公子虔"发吏捕商君"，"车裂商君以徇"。

这人生十步曲，蕴含着的是"悲""喜"两字。其中有大悲，有大喜，亦有大悲与大喜的交织。不管是"悲"也好，"喜"也罢，都是与我执著变法矢志不渝的品性相符合的，因此，不管后人怎么评说我（特别是包括班固在《汉书》中对我的批评），我的自我感觉是：我这一生过得值！

您人生的第一步是为日后的事业打下思想和学业上的基础。按照司马迁的说法，您是"少好刑名之学"，而后世不少学者又认为您不仅"好"刑名之学，对于黄老之学、儒学，以至于会通诸子百家的杂家之学都有所"好"，简直是广有所"好"，您说呢？

商鞅：我同意"广有所好"说。在那样一个千帆竞发、群雄蜂起的大变革时代，单是掌握某种单一的学问，是难以自立于世的。有所侧重可以，但决不能单一。我的广有所好，在一些历史资料和一些学者的评述中也有所提及。著名学者林剑鸣在《秦史稿》中明确指出："商鞅对战国时各派的理论土张均有所涉猎。""有所涉猎"的提法好，不是什么都专精，而是都触及了，可以说我是个博学者。

较多的学者认同，我曾向鲁国人尸佼学习过。尸佼可能在当时是一位颇有影响颇有地位的学者，也有著作传世，后来不知何因被历史的尘埃湮没了，连身世都难以追寻。这样的情况在当时似乎相当普遍。《汉书·艺文志》将《尸子二十篇》列于杂家类，而杂家的特色正是"兼儒墨，合名法"。我向这样一个博学者学习，受益是很大的。后来我在会见秦孝公时，我既说以帝道、王道，又说以霸道、强国之道，充分反映了我刺取百家的本色，也可见我学问根蒂之深之广。如果读者诸君愿意去读一读我的《商君书》（原为26篇，现存24篇），那可以看出，我的许多主张都是霸王道杂而有之的。当然，在我所学之中，还是以法家学说为主，也就是司马迁说的"鞅少好刑名之学"。我什么都"好"，但"好"中特好的当是刑名之学了。

《秦史稿》书影

林剑鸣，著名秦汉史专家。著有《秦史稿》《秦汉史》《简牍概述》《秦国发展史》等，他认为商鞅知识广博，吸纳了先秦诸子各家思想。

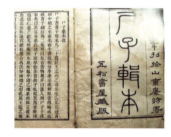

《尸子》书影

尸佼，战国时期著名的政治家、思想家，先秦诸子百家之一。他明于刑名之术，被称为"尸子"。《尸子》中提出"四方上下曰宇，往古来今曰宙。"这是沿用至今的"时空"概念。

《商君书》书影（中华书局出版）

我们听懂了。说您在学习中单科独进是不当的，说您各科齐头并进也是不妥的。在学习的总体系中，有一门主科，那就是您在《商君书》里所说的"刑名之学"。先生，您能否对这门学问给我们作一点解说？

商鞅：当然是可以的。刑名之学，相传脱胎于黄老之学。"刑"，通"形"。也就是强调事物的"名"，要与事物的"形"相匹配，不能名不符实。后来，战国时的申不害、李悝一派，主张"循名责实，慎赏明罚"，把"刑"与"名"用于经济生活、军事生活以至于政治生活，这样，刑名就更多的具有"法"的意味了。我学习的正是这一学说，也就是后来被称为的法家学说。"法令者，民之命也，为治之本也。"（《商君书·定分》）这是我长期学习刑名之学后得出的终极结论。

老子像

庄子像

通过学习，积累了相当的知识和才学后，您就选择了同孔老先生那样出游去。这是春秋战国时期通行的一种学习和实践方式，称为"游学"。这次游学您选定在魏国，那是什么道理？这次游学对您来说收获大吗？

孔子像

此为明代绢本笔绘孔子像。画中孔子眼睛传神，系孔子退朝而处的形象。

商鞅： 我离开自己的父母之邦大约是二十多岁的时候。那时，卫国国内乱得很，公室之间争权夺利。作为一个"庶孽公子"来说，留居在母国有百弊而无一利，什么时候如果卷入到利益争斗的旋涡之中，那死无葬身之地也是说不定的。我得赶快走。哪里去好呢？我选择了魏国。首先是因为卫、魏是相邻的国家，路途上比较方便。更主要的是魏国在当时是一个大国、富国、强国，刑名之学比较盛行，我到那里去可以把原先学得的刑名之学的理论与魏国刑名之学的实践结合起来。要知道，魏国可是著名的法学家李悝推行刑名之学的实验基地啊！

孔子的周游列国，影响了数代人，当然也影响了商鞅

说到李悝在魏国实行变法一事，想到了有学者认为李悝是您商鞅的老师一说。有学者说："由于魏国内乱不断，政治腐败，商鞅遂离卫去魏，拜李悝为师，学习法律理论。""拜李悝为师"这种说法靠得住吗？您与李悝是两个时代的人，怎么可能互为师弟子呢？

魏源像

魏源，清代启蒙思想家、政治家、文学家，近代中国"睁眼看世界"的先行者之一。他认为"商鞅师从李悝"，提出论学应以"经世致用"为宗旨，倡导"变古愈尽，便民愈甚"的变法主张，充分肯定了商鞅的变法思想。

商鞅："拜李悝为师"云云，这完全是一种误解。具有初步历史知识的人都知道，李悝到魏国为相，并实施变法，于公元前397年去世，那都是在魏文侯时代。当时，我商鞅还没有出生，何来拜师之举？我到魏国去是在魏惠王时代，在魏文侯与魏惠王之间还隔着一个魏武侯呢！可见，说我拜李悝为师，那是想当然的，也是子虚乌有的事。当然，如果仿孟子学孔子的样子，称自己是李悝的"私淑弟子"，我想那还是可以的，也是符合实际的。

李悝雕像

魏文侯于公元前445年即位后，礼贤下士，以李悝为相，实行变法。李悝著有《法经》一部。这部书后来失传了。但从《晋书·刑法志》中可以得知，该书分为《盗法》《贼法》《囚法》《捕法》《杂法》和《具法》六篇。"王者之政，莫急于盗贼。"他把防盗禁贼看得比什么都重要。李悝的法家思想对商鞅影响特别深刻。

从《史记》以及有关资料看，您在魏国一住就是好几年，至少有六七个年头吧！据说您在魏国主要的志趣在于学习，那么有无名师可以师从呢？显然您在魏国没有得到应有的重用，只是相府的一员小小的家臣，那样您不感到郁闷吗？

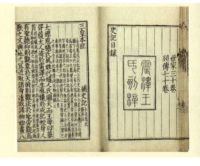

商鞅：不能那样说。应该说，我到魏国去走一遭，虽然只是作为魏相公叔痤的中庶子（大夫家中为大夫出主意的文职执事人员，相当于秘书）身份出现的，但是，如果要论收获的话，还是很大的。首先，魏国是李悝变法影响极深的国家，我可以利用相国家臣的身份到处走走、看看，了解李悝变法的实情。从这个意义上说，可以说魏国到处有我的名师。我在那里还可以比较专注地学习李悝的《法经》一书。在魏国学习《法经》与在其他地方学习是完全不一样的。在那样的环境和气氛中学习使我真正成了李悝的私淑弟子。同时，当相府的中庶子一职，使我有机会零距离地接触公叔痤其人。据《史记》记载，公叔痤其人在魏国军事史上是有地位的，他曾经带领大军击败过赵、秦、楚、齐诸国的军队。他是一个大政治家，也是大军事家。后来他盛赞我"年虽少，有奇才"，说明我是把他那一套军事学说学到了手的。对我日后在秦国的发展，带领秦军反过来打败魏军，具有重要的作用。年轻时去魏走一遭，还是很有收益的。

《史记》书影

《史记·秦本纪》记载：秦孝公广施恩德，救济孤寡，招募战士，明确了论功行赏的法令，并向天下发布"求贤令"，说宾客和群臣中有谁能献出高明的计策，使秦国强盛起来，就让他做高官，分封给他土地。卫鞅听说颁布了这个命令，就来到秦国，通过景监求见秦孝公。

《法经考释》书影

李悝与商鞅不是同一时代的人，但商鞅对李悝十分佩服，他入秦时带的就是一部李悝的《法经》。商鞅是李悝名副其实的私淑弟子。他们都"重地力之教"，都主张粮食"平籴"，都主张重农，都主张禁"技巧之民"，商鞅与李悝的思想是一脉相承的。

公叔痤行将就木之时，向魏王推荐了您这位年轻有为的卫鞅，当魏王表示不想用您的时候，他又劝魏王杀了您；与此同时，他又通知您"汝可疾去矣，且见禽"，让您及早逃脱，以免遭受杀害。请您说说，此时的公叔痤在演出的是怎样一出戏啊？他为何要这样两头讨好呢？而您又是如何应对的呢？

皋陶像

皋陶，名庭坚，字赜，颛顼帝第七个儿子，舜、禹时期的士师，大理官，即司法长官，是中国历史上第一个大法官。

商鞅：这里充分反映了公叔痤其人的老到和老成，工于心计和深谋远虑。应该说，此时的公叔痤的心情是极其复杂的，为自己，也为魏国，他想得是极为周到的。他的向魏王荐我商鞅，及而后的劝魏王杀我商鞅，都是为了魏国的国家社稷。他这样做，算是尽到了臣职了。但是，公叔痤又是个有广阔胸襟的人，他要为天下和天下人负责，要为子孙后代的变革事业负责，因此他又决意把此事原原本本地告诉我商鞅。这样看来，公叔痤其人既有儒家的观念，又有法家的品性，是一个很值得我怀念的人物。当然，我要不客气地说，我真像人们评说的那样，"有皋陶之像"，具有清晰的法理头脑，且更是棋高一着，他要我逃走，我偏不走，我说："彼王不能用君之言任臣，又安能用君之言杀臣乎？"（《史记·商君列传》）事情果不出我所料，我留在了魏国，在魏国我是安全的。魏王不认为我是个怎么了不得的人物，对他们构不成任何威胁，因此也就相安无事了。

皋陶墓

既然在魏国可以相安无事，那您为何不在魏国久居下去呢？为何后来又把目光投向了地处西陲的秦国呢？许多学者都把您的"西入秦"，与秦孝公的"求贤令"挂起钩来，这样说妥当吗？

商鞅：我毅然决然地离开魏国，说明我不是个短视的人，我不是把安居作为自己人生的终极目标的人。我有我的追求和志向。我追求奋发，追求有为。就魏国而言，魏惠王中期以后，国势日削，一点儿也没有显露出要用我商鞅的迹象。我留在那里还有什么意思呢？

说实在的，我早就把视野投向了秦国，不像孔丘西行不入秦。当时，秦是一个还并不怎么强大，但朝气勃勃的国家。在西周时，它只是个边鄙小国。西周末，犬戎杀幽王于骊山之下，秦襄公率兵救周有功，封为诸侯。百年后，秦穆公率军西进，"益国十二，开地千里，遂霸西戎"。公元前408年，秦简公改劳役地租为实物地租，实行"初租禾"。后来秦献公又大刀阔斧，废除了陪葬制度，建立了户籍制，初建了四个县。献公死，年少气盛的孝公站到了历史的前台。我商鞅一直关注着这个新兴国家的每一个变化。

公元前361年，那年我大约三十岁了，"闻秦孝公下令国中求贤者"，其中有那么几句，深深打动中我的心。《求贤令》说："寡人思念先君之意，常痛于心。宾客群臣有能出奇计强秦者，吾且尊官，与之分土。"这是一个多么有志气的国君，这是一个多么大气的国君。我读完了《求贤令》后，就马上做出决定："西入秦！"

孔子雕像

孔子为何西行不入秦呢？有言：孔子是极重华夷之分的，秦国久处西北，与戎狄杂处，这种蛮夷之地，他当然不会去。有云：秦国国君施行暴政，所以孔子不去秦。也有曰：秦国并不信儒，而且根深蒂固，孔子对此嫌恶，故不入秦。说法种种，录以备考。

汉代碑刻《孔子见老子图》（山东嘉祥出土）

图绘刻孔子躬身，手捧一物，面对画面右方的老子如行礼状，老子亦俯身拄一曲杖，似在鞠躬还礼。榜书"孔子"、"老子"于左右。画中间一髫龄儿童，有说"七岁项橐"。孔子的好学精神深深影响了商鞅。

汉代人桓谭著《新论》，其中说道："商鞅携李悝《法经》一部，入秦。"后世的人们对之批评多多，认为这只是种"既善意又随意的臆测"，没有任何意义上的史实证据的，您怎么看待桓谭的这种说法呢？觉得靠得住吗？

新辑本桓谭《新论》书影（中华书局出版）

桓谭，东汉哲学家、经学家、琴家。爱好音律，善鼓琴，博学多通，遍习五经，喜非毁俗儒。对商鞅有好感。著有《新论》等。

商鞅：这要看怎么理解了。我们在上面说到，我商鞅深受前期法家代表人物李悝的影响，可以说是李悝的私淑弟子，这是肯定的。从这个意义上讲，入秦推行变法，很可能行囊中有一部李悝的《法经》。这是一种可能性，不是必然性。具体是否真的带了一部《法经》，我敢保证：史无明文。我想桓谭也许是为了强化历史的真实感而自个儿杜撰出来这种说法的吧！但是，这样的杜撰也没有什么坏处，因为它虽未必有根据，却符合历史真实的逻辑推理。确切地说，我商鞅是带着前期法家先驱的思想（请注意：我这里说的是"思想"！）来到秦国的。正如钱穆所说的："其变法，令民什伍相收司连坐，则受之于李克（即李悝）之《法经》也。立木南门，此吴起偾表之故知也。开阡陌封疆，此李克尽地力之教也。迁议令者边城，此吴起令贵人实广虚之地之意也。……重农政，李悝、吴起、商君一也。……重法律，亦李悝、吴起、商君一也。"（钱穆：《商鞅考》）从"李悝、吴起、商君一也"角度看，在思想上我们是"一"（一致）的，我商鞅带到秦国去的岂止是一部《法经》？确切地说，是前期法家李悝、吴起等人的变法思想。

李悝雕像

钱穆说："李悝、吴起、商君一也。"

吴起像

商君雕像

但是，据我们所知，入秦之途也并不平坦。据相关资料记载，您与孝公一共谈了四次话，开头谈得并不投机，谈到第三、第四次时才有了转机，最后孝公才接纳了您的见解。我们的问题是：这四次谈话是必要的吗？前两次孝公"未中旨"，到最后一次才"语数日不厌"，说明了什么？

商鞅： 这个问题提得实在好。历来的学者都没有认真的注意这个问题。在我商鞅看来，这四次谈话是完全必要的。这四次谈话真实地表明了我有管仲的"以法治国"方略。有人以为，第一、二次提出的帝道和王道只是象征性的、试探性的，连我商鞅也不想实施的。其实，并不是这样，从我的内心来说，我不希望只实行霸道和所谓的强国之道，而是希望以顺乎自然的帝道和顺乎人心的王道来驾驭这次变法。如果孝公的境界更高一些，展现在中国历史上的"商鞅变法"将会是另一番景象。可是，我说帝王之道的时候，孝公"未中旨"，就是说，没有切中他得心意。怎么办呢？要么中止与孝公的合作，要么退而求其次。我采取了退而求其次的机动方略。在当时我就说过这样一段话："吾说君以帝王之道，比三代。而君曰：'久远，吾不能待。且贤君者，各及其身显名天下，安能邑邑待数十百年以成帝王乎？'故吾以强国之术说君，君大说之耳。然亦难以比德于殷周矣！"（《史记·商鞅列传》）这段话把当时我商鞅和秦孝公对这场变法的认识和态度坦露得淋漓尽致了，也把我与孝公各自的心境表白得再明白不过了。

管仲雕像

管仲，史称管子。春秋时期齐国著名的政治家、军事家，周穆王的后代。经鲍叔牙力荐，为齐国上卿（即丞相），被称为"春秋第一相"。

《管子》书影

管仲有《管子》一书传世。在《管子·明法》中明确提出"以法治国"的口号，他说："咸不两错，政不两门，以法治国，则举措而已。"商鞅紧随其后，把"以法治国"的口号进一步变成秦国的实实在在的国策。

还有一点您没有说到，上面引述的一段话，也把您商鞅与秦孝公之间对变法的理解的差距区分得清清楚楚了。而结果您是妥协了，退让了，不得不无可奈何地说"然亦难以比德于殷周矣"。而这一退让，是否也就预示着这场变革的悲剧的不可避免？

《韩非子·五蠹》书影

在《韩非子·五蠹》中就有"藏商、管之法者家有之"的说法，可见，当时已将商鞅和管仲两人并提了。

商鞅： 说得好！这样做的确本身就隐含着悲剧的后果。在孝公面前，我是退让了。这是不得不做出的退让。我是面向现实的。在当今之世上，到哪里去找比秦孝公更开明、更有魄力、更有远见的君主呢？失去了他，我的变法之梦将成为泡影。那是毫无疑问的。也许，在那时，要把霸王道结合起来实施是根本不可能的。我不得不退让，不得不容忍孝公的"短期行为"。他不是说了吗，他要"显名天下"，也就是在他在世时看到变法的实效，从而名扬天下，他不愿"邑邑待数十百年以成帝王"。至于这种急功近利的短期行为将带来怎样的后果，在当时，我是想都不敢去想的。

韩非子雕像

上面说的这些，都说明您与孝公之间是异中有同，您是力求去求同存异。但是，变法是触及社会方方面面的每个人神经的大事，单是孝公的认同还不行，要上上下下的人们都认同，尤其要宫廷中的那些大小官员认同。基于这样的认识，孝公组织了一次宫廷议事会，也让大臣们懂得变法究竟是怎么回事。您看，孝公这样做，有必要吗？

商鞅： 实在是太有必要了。子产实行"铸刑鼎"，让民众知晓，确实棋高一着，宫廷议事会也是一招。据林剑鸣的考证，这是一种秦国历来的惯例和传统。"依照秦国的惯例，凡国君有一时不能决断的大事，允许在朝廷上争论。"（《秦史稿》）这是确实的。当年秦穆公俘获晋惠公后，不知怎么处置好，于是召集群臣和策士商量，最后做出了"永结秦晋之好"的裁定。秦惠王时对是否伐蜀一度也举棋不定，经"廷议"后才决定出兵的。现在变法是决定国家命运的大事情，更有必要让大家好好议一下。大约发生在孝公元年（公元前361年）的宫廷议事，在我的后学追述的《商君书·更法》中有详尽的记述，文章的开首就是："孝公平画，公孙鞅、甘龙、杜挚三大夫御于君，虑世事之变，讨正法之本，求使民之道。"这里参与议事的当然不会只有我们三人，但三人是唱主角的。议事的目的很明确，凡三项：一是考虑社会的变化发展方向；二是探讨立法的根本所在；三是研究引导民众的道理。通过议论，最后由"孝公平画"。所谓"平画"，"平"是指评判，"画"是指筹划。就是说最后的决定权和解释权还在孝公手里。

子产像

子产，春秋时期郑国的政治家和思想家，在郑国为相数十年，他仁厚慈爱、重视法治。他于鲁昭公六年（公元前536年）实行"铸刑鼎"，把法律铸在鼎上公布于世，让民众知晓。法律的明示，在当时引起了巨大震动。二百多年后，实行"商鞅变法"，商鞅第一件事就是继承子产的做法，他把法律文本张贴于城门口，让上上下下的人们都知晓。

《商君书·更法》书影

此篇记载了秦国实行变法之前革新派与守旧派围绕该不该变法以及为什么要变法等问题所展开的一场争论。

这次宫廷议事会，后来成为您的"舌战群臣"的重头戏。我们知道，您是一直坚持"辩慧误国"论的，也就是认为巧言善辩的人干不了什么好事，只会误国害民，因此还是不争论为好。可是，这次在与杜挚、甘龙的辩白中，您是滔滔不绝，少有地充分展现了您的辩才。请问，在这次"舌战群臣"中，您想集中告诉人们一些什么呢？

伏羲像

伏羲氏、神农氏与黄帝被尊为中华民族的人文始祖，伏羲氏是我国古籍中记载的最早的王者之一。

神农像

神农氏，即炎帝，远古传说中的三皇五帝之一，为太阳神。

《论语·学而》书影

商 鞅： 孔子有"巧言令色，鲜矣仁"(《论语·学而》)的名句，就是说，满口讨人喜欢的花言巧语，满脸的伪善神色，这个人没有什么仁德诚信的。我想说的话太多了，但集中要说的是：第一，我要告诉大家，历史的进步、发展是由变革推动的。没有变革，就不会有历史的进步发展。我举了伏羲、神农、黄帝、尧、舜，以至于周文王、武王，他们无不是依仗变革而取得巨大的成功的。第二，从历史事实，推导出明确的结论来："当时而立法，因事而制礼。礼、法以事而定，制、令各顺其宜，兵甲器备各便其用。"(《商君书·更法》)这里强调了，立法的依据是"事"和"宜"。"事"就是事实，"宜"就是适宜。事实说话，应顺时宜，这就是我立法、变法的依据。这就彻底驳倒了"法古无过，循礼无邪"的守旧谬论。第三，批驳了变法会引起"天下之议君"之说，指出这是一种假借"民意"来压制变法的"世俗之言"。一种新法的出现，一些人会感到不习惯，还有人会不舒服，那是难免的。我道出了这样一种带规律性的现象："有高人之行者，必见非于世；有独知之虑者，必见毁于民。"(《商君书·更法》)懂得了这两个"必"，就会"有无顾天下之议也"的大无畏精神。我这样的摆事实，讲道理，能不说服人吗？

甘龙、杜挚这样的守旧派的代表人物，即使在宫廷议事会上被治服了，但他们内心里是不可能信服的。他们所代表的那个捧着既得利益不肯放的旧贵族更是不会改变他们的态度的。决定问题走向的关键性人物还是秦孝公。听了您的一番高论，他的态度如何呢？

商鞅：我在《君臣》篇除了引古证今阐明法律的重要性，也讲了君臣的认知度。对当时的变法运动来说，秦孝公的态度的确具有关键的作用。应该说，孝公当时的态度是极其的坚定，他说："善！吾闻穷巷多怪，曲学多辩。愚者笑之，智者哀焉；狂夫乐之，贤者丧焉。拘世以议，寡人不之疑矣！"（《商君书·更法》）这段话翻译成白话就是说："好，公孙鞅您说得好！住在偏僻的地方的人往往少见多怪，学识浅陋的人往往喜欢诡辩。愚昧者所喜欢做的事，正是聪明人感到悲哀的；狂妄的人高兴的事，正是有才能的人所担忧的。那些拘泥于世俗偏见而非议变法的言词，我不再因它们而疑惑动摇了。"

孝公在议事会的结论性讲话中，把甘龙等守旧派讥之为穷巷之人，曲学之士，批评这些人是无知的愚者、妄为的狂夫，而赞扬我公孙鞅是智者、贤者。并坚定地表示"寡人不之疑矣"。这可以说是我到秦国后的第一回合胜利。而孝公确实是个真正支持变革的开明君主，他的那种对变法"不之疑"的坚定态度，一直坚持到了他生命的最后。

尧、舜、禹像

《商君书·君臣》书影

此篇引古证今，阐明明君对于变法的重要性，而商鞅心目中的明君典范就是秦孝公。

在这次宫廷议事会上,秦孝公态度鲜明的结论性表态,意味着秦国宫廷中变革派势力压倒了保守派势力,也意味着变法运动的开始。董仲舒在上书汉武帝时也提及"秦用商鞅之法,改帝王之制",但受到很大阻力。为了实施变法大业,孝公采取了哪些具体的措施?

董仲舒像

西汉思想家,今文经学大师,专治《春秋公羊传》。倡"大一统"、"天人感应"理论。汉武帝举贤良文学之士,其对策建议为武帝所采纳。董氏对"垦草令"持推崇态度。在《春秋繁露·五行相生》说:"观民垦草、发淄,耕种五谷,积蓄有余,家给人足,仓库充实。"

商鞅: 孝公的确很果断,议事会一结束,马上采取了相关的有力措施:"以卫鞅为左庶长,卒定变法之令。"这里有两个方面的措施:

一是行政性的。也就是封我卫鞅为左庶长。由于年代久远,这一封号的具体职能已不太清楚。综合一些资料可知,左庶长在当时的二十等爵中,位居第十,是中等水平的爵位。它的具体职能范围却很广,既负责协调朝廷各部门之间的事务,又负责民众(庶人)的变法事务,还涉足于军务。一句话,爵位不怎么高,但是当时朝廷中最大的实力派。在变法之初封这样一个爵位是最适宜和有分寸的。

二是法制性的,即所谓"卒定变法之令"。从语意上看,似乎就是让我卫鞅负责制定变法方面的法令和条例。《更法》篇在记述孝公充分肯定我的变法主张后,紧接着就写道:"于是,遂出《垦草令》。"这样写有两种可能。一种可能是在这次议事会之前已经将《垦草令》草拟好了,在会上通过就是了。还有一种可能是,孝公下定决心要变法以后,就在会上拍板要起草"变法之令",而第一个变法文件就是《垦草令》。

《春秋繁露》书影

《春秋繁露》为汉代董仲舒所撰。此编为作者阐释儒家经典《春秋》之书,书名为"繁露"。

学界对为何商鞅变法的第一个法令是《垦草令》，是颇为关注的。一个带倾向性的观念是：那是因为直到商鞅实施变法之前，秦国相对于山东六国来说，经济上还是比较落后的，甚至还比不上南方的楚国。这种经济的落后，主要表现在农业的落后上。而要发展农业，对秦国来说极为重要的一步是开垦荒地，因为秦国自秦穆公"益国十二，开地千里"以来，显著的特点是地广人稀。《垦草令》的发布，等于向全国郑重宣告，秦国要以开垦荒地为轴心来带动整个农业生产以至于整个经济的发展。您看，这样理解《垦草令》的颁发，正确吗？

商鞅：这样理解当然没有错。秦国要富要强，不能不抓农业，面对地广人稀的现实国情，不得不抓"垦荒"。可以说，自古圣贤无不抓"垦草"，《太平御览》都说神农也以"垦草兴五谷"。垦荒，是秦国发展的一个抓手。不把握住这个抓手，变法就无从下手。但是，必须指出，《垦草令》的颁发关注的不只是经济，而更多考虑的是政治的建设，即通过"垦草"这一举措，怎样把权集中到中央来，怎样更好地建立君主的权威，怎样进一步完善法制、实施法治，接着便是紧锣密鼓地颁发一系列新法令，包括编定户籍方面的法令，整顿吏治方面的法令，等等。有些学者把《垦草令》当作我商鞅变法的首个纲领性文件，我看这样理解是可以的。

《淮南子》书影

《淮南子》一书对《垦草令》也是充分肯定的，说："稷辟土垦草，以为百姓力农。"（《主术》）还说："后稷乃教之辟地、垦草、粪土、种谷，令百姓家给人足。"（《人间》）

《太平御览》书影

《太平御览》是中国宋代一部著名的类书，为北宋李昉等学者奉敕编纂。宋太宗日览三卷，一岁而读周。全书中共引用古书一千多种，留存了大量宋以前的文献资料，更使本书显得弥足珍贵。《太平御览》卷七八引《周书》曰："神农之时，天雨粟，神农耕而种之，作陶冶斤斧，为耒耜锄耨，以垦草莽，然后五谷兴。"该书对商鞅的《垦草令》持肯定态度。

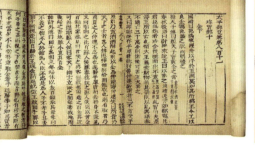

您清楚地知道，变法要顺利推进，就要有在民众中立法的信誉。史书上有一个关于"徙木取信"的典故，大致的意思是：您将一根三丈长的木头放在国都的南门，贴出告示：有能将它移到北门者，赏十金。……果然，有一人将信将疑地将它移去了。您马上赏此人五十金，"以明不欺"（《史记·商君列传》）对这个典故，一些史家认为未必可信。因为史书上说吴起在魏国变法时，也曾在国都北门放辕木一根，宣布徙到南门者有赏。结果真的赏了徙木者。这发生在吴起和您身上的两则掌故太相像了，因此有人以为未必然实有其事。作为当事人，您说呢？

"徙木取信"雕像

商鞅：我觉得，作为史学家为何不可以换一种思维方式去考虑问题呢？我与吴起，都是早期法家人物，因此在考虑问题时必有许多相似、相同、相等的东西。我与吴起都想到了"徙木取信"这种行为方式，不正好说明了"英雄所见略同"吗？我在《商君书·修权》中明确说："国之所以治者三：一曰法，二曰信，三曰权。"立法是前提，权柄是依据，而信用是介于两者之间的基础条件。失去了信用，法也失去了实施的条件，权柄也就难以落实了。我是那样的看重执法过程中的信用，那么"徙木取信"这样的做法也就不值得去怀疑了。记得唐代著名诗人、参加过中唐"永贞革新"的思想家刘禹锡说过："徙木之行必信，此政之始也。"（《答饶州元使君书》）我感谢千年后这位思想家的理解。

《商君书·修权》书影

修权即修整权力，也就是该如何使用权力。商鞅指出国家治理好的三个因素，那就是法度、信用、权力。权力由君主独掌，法度、信用是君主臣下共同建立并遵守的，这三者不可偏废。同时商鞅提出了"任法去私"，反对以权谋私。

但是，要真正让法律取信于民，并没有像迁徙一根木头那样的简单。尤其是上层人物故意犯法时，您卫鞅敢不敢去果断执法，那才真正是能否取信于民的大事呢！面对这种情况，您卫鞅是怎样想的呢？

《说苑》书影

法家都十分重视一个"信"字。《说苑·政理》说商鞅同李悝一样力主"赏必行，罚必当"，把两个"必"字和执法之"信"说得清清楚楚。

商鞅：执法的阻力之大，简直是出乎一般人的想象，"令行于民一年，秦民之国都言初令之不便者以千数"。我认定这上千个从各地涌到国都来大吵大闹说"初令不便"的人，绝不是普通的老百姓，而必是"乱化之民"（《史记·商鞅列传》），也就是怕在变法中失去既得利益的旧贵族。尤其是面对太子犯法的重大事件时，我说："法之不行，自上犯之。"这"上"就是太子。于是，下令刑其傅公子虔，黥其师公孙贾。这样，才算是把反对变法的势力压了下去。可是，过了四年，那个公子虔又复犯法，我就老实不客气地"劓之"，就是施行了割去鼻子的刑罚。这也就是为了那个"信"字吧！《战国策》的作者这样道："商君治秦，法令至行，公平无私，罚不讳强大，赏不私亲近，法及太子，黥劓其傅。"（《秦策一》）

《战国策》书影

《战国策》，简称《国策》，相传系战国时期各国史官或策士所辑录，西汉时刘向进行了整理。《战国策》对商鞅的评述比较公允。

您这样的对阻止变法者采取强硬措施，其实效如何呢？这是人们都关心的。司马迁在《史记·商君列传》中写道："行之十年，秦民大悦，道不拾遗，山无盗贼，家给人足。"可是，偏有人不相信这段话。宋代的苏轼就说："'秦民大悦'云云，此皆战国时游士邪说诡论，而司马迁暗于大道，取以为史。"苏轼的这种说法站得住脚吗？

桓宽像

桓宽，宣帝时举为郎，后官至庐江太守丞。其知识广博，善为文，治《春秋公羊传》。著有《盐铁论》六十篇。

商鞅： 苏轼说司马迁错信了别人的邪说诡论，其实，苏轼说的这段话倒恰恰是充满着偏见的邪说诡论。我们可以作这样的分析：其一，说我变法取得了极大成果，并为之大唱赞歌的，不只司马迁一人，凡是有良知的史学家、思想家，都给予了公正的评价。桑弘羊说："秦任商鞅，国以富强。其后卒并六国而成帝业。"（《盐铁论》）说司马迁轻信游士之说是没有根据的。其二，其实，游士与我代表的法家人物是死对头，我一再说到，变法的目的之一就是要肃清"游食之士"。那些作为整肃对象的游士，回过头来说我的好话，实在是不可思议的。在这点上，苏轼说得实在没道理，也实在太想当然。其三，秦孝公是个开明又精明的君主，他在改革十周年纪念的时候，特地做出了一个惊人之举，封我为"大良造"。就爵位而言，位居十六，是很高的了，就地位而言，兼具相位和大将军位，集军政大权于一身，这如果不是对我改革取得巨大成功的嘉奖，还能作别的怎样的解释呢？

《盐铁论》书影

《盐铁论》原为汉昭帝时期"盐铁会议"的文献，经桓宽整理成书，书中记述了当时对汉武帝时期的政治、经济、军事、外交、文化的一场大辩论。该书共分六十篇。桓宽的思想和贤良文学人士相同，书中语言精练、生动，会上大骂商鞅的场景跃然纸上，说："商鞅弃道而用权，废德而任力，峻法盛刑，以虐戾为俗。刑公子以立威，无恩于百姓，无信于诸侯，人与之为怨，家与之为仇。"（《盐铁论·非鞅》）这些文学之士的思想倾向显然是儒学。

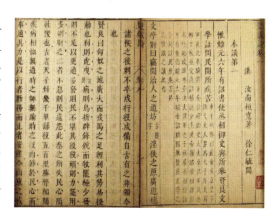

25

秦孝公是那样的信任您，在关键时刻任命您为大良造，实际上是全权委托以变法之重任。而此时，变法的阻力又是那样的大。面对种种艰难险阻，人们一般可能采取两种态度：一种是见好就收，保持已有的变革成果就行了，退而全其身；另一种是知难而进，进一步扩大变法的成果。您选择了哪一种做法呢？

商鞅：我当然选择的是后者。其实，变法走到这一步，我已是没有退路可走的。当上大良造以后，我首先想到的是怎样创造更好的内外部条件，切实做到如刘向等人所言"公平无私"，以推进变法事业。在当时，秦的主要敌人在东方，我觉得必须把国家的都城东迁，这样守可以应付东方六国的进犯，攻可以东进，为统一全国创造条件。这就有了迁都咸阳这么一件惊天动地的人事。这是孝公与我下定了的决心。花费了巨大财力建成的新咸阳城，其规模十分宏大，可说是当时的中华第一城。据后来的考古发掘资料表明，当时新筑的咸阳城，东起今咸阳市的柏家嘴，西到窑店，与汉长安城西墙相对，南临渭水，北城遗址在二道原上。形势居高临下，气魄雄伟。城内建筑有南门、北门、西门。咸阳宫由我亲自监造，由许多宫殿联结在一起，形成了巨大的宫殿建筑群。

刘向像

刘向，西汉经学家、目录学家、文学家。他著有《战国策叙录》等，他认为，商鞅变法的特点是"公平无私"。在《战国策》中特别强调了商鞅执法过程中的"公平无私"，这是商鞅变法能取得重大成果的关键所在。

《盐铁论》(右为明嘉靖三十三年刻本，左为明刻本) 书影

《盐铁论》是西汉桓宽根据著名的"盐铁会议"记录整理撰写的重要史书。书中赞商鞅改革之功，有曰"秦任商君，国以富强"。

《战国策》书影

商鞅被杀后，秦法还是沿着"商鞅变法"时的态势发展，更为重要的是把商鞅的思想普及到民间，对此，《战国策·秦策》作了这样的评论："妇人婴儿皆言商鞅之法。"这说明老百姓还是欢迎"以法治国"的。

这次迁都在史书上是有记载的。《史记·商君列传》上就有这样的文字记述："作为筑冀阙宫庭于咸阳，秦自雍徙都之。"《史记·秦本记》也说："作为咸阳，筑冀阙，秦徙都之。"对此，清初学者顾祖禹作了一番考证。我们也作了查考，"自雍徙都"是秦献公时期的事，怎么又说是商鞅变法的一大举措呢？

《读史方舆纪要》书影

顾祖禹，清初地理学家和学者。其高祖顾大栋撰有《九边图说》，曾祖顾文耀、父亲顾柔谦都通晓舆地之学。在家庭的影响下，他毕生专攻史地，以沿革地理和军事地理的研究为精深。历时三十余年编写了《读史方舆纪要》。

商鞅： 这两段文字有记述得正确的，也有记述失误的地方。比如，两段文字都强调了迁都咸阳的重头工程是"筑冀阙"。为何要突出"筑冀阙"呢？原来"冀阙"又名"魏阙"，是一种类似城门一样高大雄伟的工程，平时用来出列检点军队，战时发布教令。突出新咸阳城的"冀阙"工程，就是突出迁都的军事价值。说明它不是一般意义上的民居工程，而是适应当时的战事需要而建的。

而《史记·商君列传》中说的"秦自雍徙都之"，那显然是错笔。雍（今陕西凤翔）是秦国的旧都，偏于西部。早在公元前383年，秦献公就将国都迁往栎阳（今陕西临潼县栎阳镇）。这是第一次国都的东迁，目的当然是为了东进击魏。三十余年后，河西之地的不少部分已为秦收回，栎阳的战略要冲地位已失去，因此，孝公与我一起力主将国都迁到咸阳去。咸阳北依高原，南临渭河，"据天下之上游，制天下之命者也。"（顾祖禹《读史方舆纪要》）这次的东迁，不只是为了对付魏国，更有一统天下的宏图在。而司马迁所谓的"秦自雍徙都之"，显然是把三十年前后的两次迁都搅和在一起了。

差不多在迁都的同时，您又在孝公的允诺下进行了一系列的变法，史称第二次变法。这第二次变法离第一次变法大约有十来年时间。有的学者认为第二次变法的新举措，像度量衡制度等更加细化了，是这样吗？

李斯泰山刻石

李斯是秦朝著名的政治家、文学家和书法家，协助秦始皇统一天下。后为秦朝丞相，参与制定了法律，统一车轨、文字、度量衡制度。后为赵高所忌，腰斩于市。他在一系列的论述中盛赞商鞅变法取得的巨大成就。

商鞅： 是的，第二次变法更加具体细化了。有的学者认为第二次变法以迁都咸阳为起点的，这是具体的实务。因为迁都引起了整个国家格局的变化，原来并不受重视的秦国的东部地区，相反成了发展和建设的重心。这是战略重心的转移。垦荒、建县进一步加速推进，在县中设置定额俸禄官吏制就起始于这一时期。另外，迁都以后实行了"初为赋"，这是一种以人口为准则收赋的人头税制，比过去的以土地为准则收赋税大大跨前了一大步。有学者指出："这是在中国历史上最早的人头税。"即后世所称的"口赋"。同时，下令实施统一度量衡，这样一方面有利于经济的发展和民生的改善，对中央对地方的控制也是有利的。总而言之，第二次变法是第一次变法的深化和细化，如果第一次变法比较重视造声势、定大局的话，那么，第二次变法就较多的触及具体的执行环节了。人性化的"口赋"，比原先精细得多的度量衡制度，都具体地说明了变法在深入。

苏舜钦像

苏舜钦，北宋诗人。曾任县令等职。他不只是一个文学家，也是一个力主改革的政治家，立志以商君为榜样，"磊落自喜"，慷慨大志溢为诗文。与梅尧臣齐名，人称"梅苏"。因支持范仲淹的庆历革新，为守旧派所忌，后被罢职。

您的改革事业总是内外两方面同时推进的。国内是轰轰烈烈的第二变法，对外是对魏的用兵。您对秦孝公说，"譬若人之有腹心之疾，非魏并秦，秦即并魏"。并吞强大的魏国是"成就帝王之业"的第一步。您使用了阴谋的手段。利用与之旧交的特殊关系，约其饮酒会盟，再趁机将其拿下。魏军失去主帅，当然大败，不得不割河西一部分土地与秦。对于这样的"胜利"，后人评述甚多，有学者甚至说您是"采用不光彩的手段，取得了一次大胜"。有的还说，日后您被迫流亡魏国时，魏人不让您驻足于魏国，也完全是自作自受、咎由自取。听到此类言辞，您作何感想？

孙子像

商鞅： 这完全是一派书生之见。孙子有言："兵不厌诈。"战争的目的是消灭敌人，成就自我。在战争中施展"诈术"，是常有的事。为了成就秦国的"帝王之业"，采用像有些人说的"不光彩的手段"取胜，也没什么。就当时的情况而论，魏国虽然比最强盛时削弱了不少，但作为昔日的一等强国，秦国要用军事手段战胜它，实在是很难的。我所谓的"不光彩的手段"，功在于千秋，一定程度上为秦的帝业奠定了基础，这还不够吗？至于我个人受到的损害，甚至因此而身首异处，那也是不能去计较的了。

《孙子兵法》书影

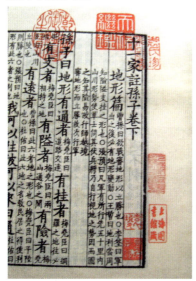

"卫鞅既破魏还,秦封之於、商十五邑,号为商君。"(《史记·商君列传》)此时,您登上了事业和荣誉的峰巅。这时,有一个名叫赵良的人去见您,劝说您放弃"骏刑",不要"积怨畜祸"太多,还是回商的封地去过那逍遥自在的太平日子吧。并提醒您:"秦王一旦捐宾客而不立朝,秦国之所以收君者,岂其微哉? 亡可翘足而待。"这个赵良是何等样人,史无明文。但是,不少学者断定此人是怨恨您的"宗室贵戚的代表人物",他的话完全是对您的"诅咒",发泄的是一种"复仇心理",您看呢?

商鞅: 我倒完全不是这样看。我觉得赵良其人,话虽说得尖锐了些,但还不至于沦为宗室贵戚的说客。他是由朋友推荐而来的,我倒还很想"请得交"(交个朋友)呢! 他说了很多,但大多是实情。比如说,我得罪了贵公子,后果足忧。"从车十数,从车载甲",太张扬,也容易引起更大的怨恨。不是吗? 李斯儿子李由在二川做太守,回咸阳时大宴宾客,门前车水马龙,气派近乎秦皇,结果招来横祸。凡事要得度,不然物极必反。当时我就应该考虑全力支持我的孝公去世后的局面,应该说,所谓"亡可翘足而待"的话,不是"诅咒",更非"复仇心理"。如果我听从了他的建言,回归封地,杜门谢客去过悠悠然自得其乐的生活,也许我倒可以全身而退。我再说一句,赵良是在实话实说,我当时的处境真的是危在旦夕,被杀身亡是顷刻间的事。但是,我是个坚定的变法者,为了秦的帝王大业,为了实现天下的统一,我是什么都不怕的。史书上记载的"商君弗从"四字,真是力透纸背。千古之后人们读到这四字,或许也会为之动容吧!

李斯琅琊刻石拓本

秦始皇陵铜车马
(秦始皇兵马俑博物馆供稿)

《战国策详注》书影

我们都觉得，就当时而言，变法的基础还不坚实，谁都感到了一旦风吹草动，变法成果被否定是极有可能的。史书有载："孝公行之十八年，疾且不起，欲传商君，辞不受。"(《战国策·秦策一》)很少有人怀疑这段文字的真实性。问题在于：孝公为何要急匆匆地把王位让给您呢？您又为何那样干脆地"辞不受"呢？

商鞅：这中间可说是各有难言之隐了。终其一生，可以说孝公是始终主持变法的。他没有动摇过。正因为如此，在他的暮年尤其是行将辞世之时，要把王位传给自己信得过的人，为的是在他的身后使变法大业得以继续。一些专家指出，禅让并不是儒家的独家专利，法家、墨家都有这样的主张。孝公作为开明君主，这样做是不奇怪的。而我，作为二十年的变法的主要执行人，享受了变法成功的喜悦，也经受了变法历程的艰辛，知道变法事业在孝公之后是不是能坚持下去，不是简单的传一个王位所能解决得了的。甚至在我的头脑中会有这样两种思想的冲撞：一是相信变法是"顺乎时"的，将来变法一定能成功；二是变法过程曲折崎岖，变法过程中会产生风云突变，自己也可能遭受不测。把这些想清楚了，我就不会去接受一个王位而试图保持变法的成果了。

陕西商洛商鞅广场

果不出赵良所料，孝公一死，尸骨未寒，"公子虔之徒告商君欲反"。史书上记载了这样一个情节："商君亡至关下，欲舍客舍。客人不知其是商君也。曰：'商君之法，舍人无验者坐之。'商君喟然叹曰：'嗟乎，为法之敝一至此哉！'去之魏。"这段话翻译一下是这样的：商君逃到了函谷关下，要住旅馆。旅馆的主人不知道是商君，说："商君定的法令，旅客没有证明就不能住宿，若住了，我们是要连坐的啊！"商君长叹道："唉，想不到我制定的法令，还会牵累到自己！"请问，这个故事情节真实吗？

商鞅： 读了史书上的这一故事情节，大多数人会感到很动情，很悲哀。其实，这完全是不真实的，是道听而途说，或者是小说家者流杜撰出来的。这里首先要澄清的是：在我变法其间，有没有如上文中说到的那种"客舍"？从史实看，是没有的。《商君书》中的最重要的文件《垦令》中，赫然写着："废逆旅"三字。"逆旅"者，旅舍也。当时，为了防止人口有大的流动，防止"游食之民"的泛滥，采取了极端的手段，把民间使用的"逆旅"也取消了。我们这里不去研究这一措施的当与不当，只想指出，当时应该是没有旅舍的。官方人士，以至于必要的民间人口流动，都通过驿站，还可能有其他的途径，但是，民间的、商业性质的"逆旅"是废除了的。在边鄙地区，在朝廷之命难以管到的地方，可能有一些非法的旅舍在，但在那样重要的函谷关下，是不可能有什么"客舍"的。客舍既不存在，那么因为住不了客舍而"喟然兴叹"也就不存在了。

古代驿站（中国邮政1995年发行的《古代驿站·孟城驿》邮票）

驿站是中国古代供传递官府文书和军事情报的人或来往官员途中食宿、换马的场所。邮驿历史虽长达三千多年，但留存的遗址并不多。邮票上的孟城驿属明代建筑物。

函谷关

您人生中的最后一幕是悲壮的！在您逃离都城，回到自己的封邑商地后，您"与其徒属发邑兵北击郑"，作最后的一搏。结果当然是可想而知的。您、您的徒属、您的邑兵，都为共同的变法事业流尽了最后一滴血。新登极的秦惠王对您恨之入骨，处的是最酷烈的五马分尸之刑，分尸后又陈尸于要津通衢，名为"以徇"，商君之家也被夷灭，贴出告示："莫如商鞅反者！"在您的陈尸处、告示前，人山人海。如今两千多年过去了，如果有人想到您被害处去一掬悲伤的热泪，将到何处去寻访呢？

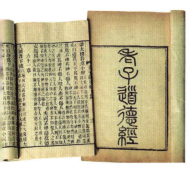

《老子道德经》书影

商鞅：现在，当年的当事人都早已作古，偏见和偏执都已随着时日的逝去而淡然。如果两千年后还有人会记起商鞅这个名字，以及与这个名字相关的悲喜人生的话，那实在是我莫大的荣幸。老子有言："死而不亡者寿。"（《老子》第三十三章）死了以后不被人忘记才算是真正的长寿。我会以此为荣！

何处去寻访我的死难处呢？好像只有《史记》中作了相关的记述，而且不是一处，而是二处。《史记·商君列传》写道："秦发兵攻商君，杀之于郑黾池。"那是在今河南渑池县界内。而《史记·六国年表》的记载不一样："秦孝公二十四年，孝公薨，商君反，死彤地。"彤地在何处，即今之陕西省同州华县。《春秋二十国年表》也有同样的说法。黾池和彤地两地相去三百余里，史书二种记述中总有一处是错的。据说这是太史公为文的风格，凡是有数种说法者，录以存疑，疑而待考。相信将来考古的发掘会给后人一个可信而满意的答案的。

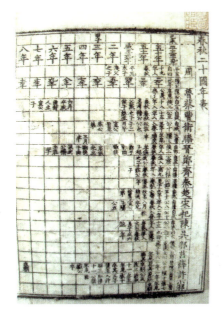

《春秋二十国年表》书影
（宋刻本现存于上海图书馆）

"商鞅虽死，秦法未废。"千古永存的是那部《商君书》。我们知道，该书对中国历史的影响极为深远，其中有着您的心血。能告诉我们这部著作的大致情况吗？

商君书解诂定本

商鞅：可以的。在著名法家韩非的作品中，已多次提到了《商君书》，这就告诉人们，该书在战国末年已成书，并在社会上广为流传。当然，随着时间的迁移，它的内容又有些增删，大约到秦代才有了二十六篇的定本，后来又有些散佚，留存下来的是二十四篇。有学者认为：全书其实有三部分组成。第一部分是由我亲自写的，可以认定的有《垦令》《境内》《战法》《立本》《兵守》等五篇，可能还有若干篇章。那是最珍贵的，也是研究我思想的最重要资料。第二部分是我在被害后到秦统一前的一些商鞅学派的学者写的，可以认定的有《更法》《算地》《农战》《修权》《去强》等十余篇。还有一些是商鞅学派的后学增补进去的，作于秦统一之后，有《君臣》《禁使》《定分》等篇。由于我死后形成了商鞅学派，在《商君书》中商鞅变法的斗争过程、理论依据、主要内容才得以比较完整的留存下来，这也可说是历史的一件大幸事。

《**商君书解诂定本**》书影

朱师辙，民国初年文字训诂学家、历史学家。他在《商君书解诂定本》中语出惊人，说："崇尚法治，一些人远则效法西欧，而不知商君已倡于二千年前，数典忘祖，得无慎乎？"

商鞅雕像（商鞅广场）

第二章

矢志变法

　　变法，变法，变法……商鞅生长在一个风起云涌、变法浪涛激荡的大时代。李悝、吴起、申不害、慎到，百年之间，力主变法革新的英雄式人物一个又一个鲜活地展现在世人面前。他们变法的一番番宏论，他们变法的一部部力作，他们为变法而不惜"以身殉法"的大无畏精神，激励着后起的商鞅。他接过前人变法图新的接力棒，奋勇前行。"法者，所以爱民也。"(《商君书·更法》)这是他的肺腑之论，也是他毕生从事变法事业的精神支撑。为了民众，为了国家的富强，为了"上壹而民平"(《商君书·垦令》)这样的理想社会的实现，商鞅还有什么好怕的呢？

有人认为，中国历来没有法治的传统，因此历次的变法，包括商鞅变法，最终都只能以失败告终。这话有道理吗？商鞅先生，以您的见解，中国的法制思想和法律制度的大致状况怎样？

商鞅： 说中国历来没有法治的传统，这是一种无稽之谈，不只中国人，就是世界各国的有识之士，都是不能同意的。法律是文化的最为简洁、最为严厉的规范体系，是捍卫文化核心价值的最后一道防线。像中华民族这样一个伟大智慧的民族，怎么可能不去构筑这样一道防线呢？全世界都承认，世界上存在着五大法律体系，包括罗马法系(亦称大陆法系)、中华法系、印度法系、英美法系(亦称普通法系)、伊斯兰法系。中华法系在世界五大法系中据有崇高的地位。在当时的条件下，我虽还不知道有什么五大法系之说，但是，我们有我们自己的法的传统这一点，我是坚信的。我一再强调的"三代不同礼而王，五霸不同法而霸。"(《商君书·更法》)强调的就是从夏商周三代开始，中华民族已经有较为整齐的法的观念和实践了。我的说法是完全有依据的。夏的始祖是禹，"防风氏后至，禹杀而戮之。"(《国语·鲁语下》)这是明确的依法行事。章太炎提出了"孝经本夏法"说，读后来成书的《孝经》，可以大致窥见夏当年法律的全貌。据《商书》记载："商刑三百，罪莫大于不孝。"《左传·文公十八年》记述，在周公作的《誓命》中，清楚地界定了贼、盗、奸的界限，并制定了不同的处置方法。我的"三代不同礼而王，五霸不同法而霸"，是有充分的事实依据的。

《国语》书影

《国语》有不少明确依法行事的记载，在《国语·齐语》中载有管仲"以法治国"的言论。

包拯像

包拯，北宋天圣朝进士。他认为，夏商周三代以来就有中华法系，特别崇奉韩非子的学说，常以《韩非子·有度》中的"法不阿贵，绳不挠曲"名句以自勉。他赞同商鞅、韩非的观点，认为法律不偏袒贵族，绳墨不迁就弯曲，这是天经地义的事情。画像藏台北故宫博物院。

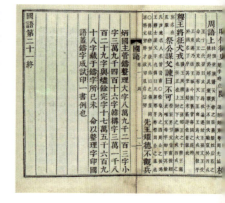

人们都知道，中华法制的重要特点之一就是它有鲜明的人文性。就是说，在我们看来，法是人事，不是天意。不像有的法系那样，把法看作是神和上帝的意志。我们不想说它们之间的孰优孰劣，我们只想指出它们之间是有差别的。中国有上帝、下帝之说，法只与下帝（君王）有关，与上帝无关。我们想知道的是，您在主持变法时，是否有意或无意地注意到了中华法制的人文性这个特点呢？或者说，您的变法是否客观上契合了中国法学的民族传统？

轩辕黄帝像

轩辕黄帝为中华民族的人文初祖，中国远古时期部落联盟首领。他以首先统一中华民族的伟绩而载入史册。有《黄帝内经》传世。

商鞅：说我的变法客观上契合了中华法制的人文性特点，我看是符合实际的。我说过："农、商、官三者，国之常食官也。"（《商君书·弱民》）"常食官"云云，是说他们是国家中最正常的职业人员。而要使农民、商人和官员都正常地、相安无事地生活和工作，就必须让他们自觉地置于法律的控制和管辖之中，"弱化"自由放任的不良习性，这就是我所说的"弱民"的真谛。"故有道之国，务在弱民"，"弱则轨，淫则越志"。这里的"有道"，是指有法制之道。有了法制之道，人们就会走上正轨，不会超越社会规范行事。很清楚了，商君之法，是为国家的农、商、官这样三部分主要成员而立的，当然也体现了他们的意志和利益。看，多么"人文"化。

《商君书·弱民》书影

《商君书·弱民》篇围绕民弱与国强的关系进行阐述。

从上述那个特征，又使我们想到另一个也相当重要的特点，那就是中国历来是礼仪之邦，因此，法是不能完全脱离礼而存在的。荀子提倡"礼法并重"，说明法与礼不能分。这是中国的国情。在考虑变法的时候，您想到了这个问题没有？您在初见孝公时，首言和次言的"帝道"和"王道"，是否就考虑到了中国礼仪之邦的民族传统？

商鞅：完全考虑到了的，遗憾的只是没有被孝公采纳。中国古代传统文化的最基本的价值观念是"孝亲"和"忠君"，这种礼仪传统会有意无意地凝聚在法的规范之中。中国人赞赏的法的最高境界是"一准乎礼"。"一准"的基本意思是礼法的一体化，也就是礼中有法，法中有礼，这在《立本》等篇都作了阐述。礼体现为王道，法体现为霸道，王霸道相杂，是中国政治制度的重要标志。我初见秦孝公时，首言之以帝道，"孝公时时睡，弗听"。次言之以王道，还是"未中旨"。第三次言霸道，这才"意欲用之"，最后言之以强国之道，孝公兴奋得"不自知膝之前于席也"。我的意向是用霸王道相杂的办法来治理秦国，这是中国的大传统，而孝公是急于求成，只要霸道和强国之道。我的让步，在商鞅变法历程中无疑是一大损失。但必须申明，从我的本意讲，我是主张礼法一体的，也就是主张霸王道杂而用之的，只是当时条件还不成熟罢了。

《荀子·正名》书影

《商君书·立本》书影

立本就是确立根基。商鞅认为强兵战胜敌人的方法有三：一是用兵之前推行法治，二是用法治形成民众积极从事农战的风气，三是让这种风气成为统一战争的工具。

从您与秦孝公的四次对话看,您是真心实意地希望实施霸王道相杂的统治方式的。后来汉代的大臣汲黯也看到这一点。然而,霸王道相杂的政治模式在您手中没有得以实现,那实在是很可惜。不知后来在历史上是否真的实现了?

汲黯像

汲黯,西汉名臣,为政以民为本,武帝派他视察灾情,发现沿途饥民塞路,父子相食,汲黯不畏矫制之罪,便以皇帝使臣的名义,开仓放粮赈济。他认为商鞅变法是霸王道相杂的。

汉文帝像

汉文帝刘恒,汉朝的第三个皇帝,汉高祖刘邦第四子,在位二十三年。汉文帝在位期间,行"霸王道杂之"治国之道,出现了"盛世"局面,与接着的景帝时期被史家合誉为"文景之治"。

商鞅:霸王相杂,要有时机,要有条件。我那个时代,要么有人强调施仁政,行王道,要么有人主张征伐与压制,行霸道。我提出了霸王道相杂的问题,但大家并不能认同,包括被称为开明君主的秦孝公也如此。这是时势使然,是不能苛求于人的。一句话,条件没成熟。经过了战国数百年的大乱,经过秦代的严刑峻法、二世而亡,经过酷烈的楚汉之争,经过汉初数十年的整饬,到武帝时,雄才大略的汉武大帝才懂得了要将两者结合起来。他一方面大肆用兵,镇压异己,同时又"大招文学儒者",大臣汲黯是个直性子,批评武帝:"陛下内多欲而外施仁义,奈何欲效唐虞之治乎!"(《史记·汲黯列传》)退朝后,汉武帝只说了句"甚哉,汲黯之憨也"。意思是,"内多欲而外施仁义"是一种治国策略,汲黯不懂得这个道理。到汉元帝的时候就直接点出"汉家自有制度,本以霸王道杂之"。两千年的封建史的大势就是这样。我当时没能实现这一条,对我个人来说,无论如何是一个不小的遗憾。

您说:"法者,国之权衡也。"(《商君书·修权》)"权"指的是秤砣,"衡"指的是秤杆。把法比做国之权衡,就是强调它是国家衡量是非曲直的标准。把"权"与"法"结合起来考虑可说是您的强势所在。另外,在《商君书·战法》中说到法的制定过程时,提到"其政出庙算者"这种做法。庙算是一种传统的议政法,遇到国家重要的决策和政令军令需要制定时,由国君召集大臣和相关智囊人物,集于宗庙进行研究,最后做出相应的决定。我们知道,您是主张君主集权的,在许多场合都反对"议""私议",可在制定法律时怎么又主张"议"了呢?

商鞅:把"法"与"权"联系起来,实际上是强化了法制与君权的一致性,而重提"庙算",强调的是法的庄重性、严肃性。法的制定过程是很复杂的,十分认真的。这样制定法的令,就不是某个人的决策,而是集体智慧和意志的体现了。说法是国之权衡,实际上是说它一旦形成,就是国家意志的体现。在我看来,通过"庙算"制定的法,表面看来是国君一人说了算,实际上是群体观念的体现了。

《商君书·战法》书影

战法就是作战方法,本篇论述了作战制胜的根本原则。

《孙子集注》书影

春秋战国时期是中国古代军事理论的大发展时期,战略理论也比较系统地形成了。其重要标志就是《孙子兵法》的问世。孙指出:"夫未战而庙算胜者,得算多也;未战而庙算不胜者,得算少也。多算胜,少算不胜,而况于无算乎!"这里的庙算即指战役之前的战略筹划。

我认为,只有按国家意志去办事,事情才能办好。"庙算"是一种公议,与我坚决反对的私议完全是两回事。我明确指出:"世之为治者,多释法而私议,此国之所以乱也。"世上大多数统治者也想把国家治理好,他们大多是找一批人来"私议",你说你的,我说我的,议而不决,最后只能把国家搞乱。"庙算"则不是私议,而是为公而议,为国而议。只有这样制定出来的法,才能成其为"国之权衡"。

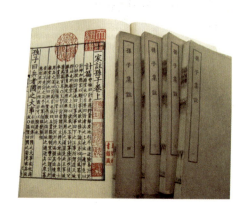

《商君书·靳令》书影
靳令即严格执行法令。

秦始皇像
（刘旦宅为郭志坤著
《秦始皇大传》绘）

既然法是国家意志的体现，是代表国家来评判是非曲直的，那么法的解释权属于谁呢？中国历史上历来就有"法自君出"的说法，是否就意味着法可以由君主随意做出这样那样的解释的呢？

商鞅：我以为不是这样的。虽然，在当时条件下，法规的颁布常常用的是国君的名义，但国君无权私自做出解释。"法者，君臣之所共操也。"（《商君书·修权》）"操"，就是操持，这里涉及一个解释权的问题，也涉及一个执行权问题。我以为，法令的解释权和执行权操持在君臣手中，实际上还操持在广大民众的手里。我在《靳令》等篇对严格执行法令这些观点都作了阐述。法制定后，公布出去，再让大家都来学习，广大民众都知道了法是怎么回事，谁还敢胡乱解释？谁还敢胡作非为？秦始皇虽然专制，他认为"朕即天下"，但自我商鞅变法之后的有秦一代，大致上仍是依法治国的。

在《商君书·更法》中，您明确提出："法者，所以爱民也。"这里涉及了立法的目的论。把法与爱民联系在一起，这在先秦诸子中您是独树一帜的，其他法家人物都没这样明确地提出过。请问：先生这样提出问题的价值何在？"爱民"真的符合您的立法和变法的宗旨吗？

商鞅：我说法就是爱民，是为了打动最广大多数的民众的心，让最广大多数的民众都来拥护和参与变法大业。就当时的实际情况而言，是针对反对派放出的变法会引起"伤民""残民""积怨畜祸于民"的谎言而言的。我变法的那么多条款，都是要保护百姓过上正常的生活，我明确说："立法明分，而不以私害法，则治。"（《商君书·修权》）既然立法时强调的是"不以私害法"，强调的要有公信力，强调的是天下大治，怎么会"伤民"呢？变法中的垦荒也好，重农也好，实边也好，都是为了让大家有饭吃、有衣穿，怎么说得上是"残民"呢？对绝大多数百姓有好处，使整个社会安定而充满活力，又怎么会"积怨畜祸于民"呢？爱民，无疑是变法的题中应有之义。事实上，我打出"法者，所以爱民也"的旗帜，是深得民心的。这一点，北宋王安石非常理解我，对我赞赏有加。

王安石像

王安石，字介甫，号半山，封荆国公。北宋杰出的政治家、思想家、文学家、改革家，唐宋八大家之一。有《王临川集》《临川集拾遗》等存世。官至同中书门下平章事，位同宰相，主张改革变法。他推崇商鞅变法，把立法与爱民结合在一起，实为善事，反对非议商鞅。

《王文公文集》《临川先生文集》书影

王安石反对非难商鞅。王安石与商鞅都是中国历史上著名的改革家，他们的心是相通的，王安石在《商鞅》一诗中说："自古驱民在信诚，一言为重百金轻。今人未可非商鞅，商鞅能令政必行。"

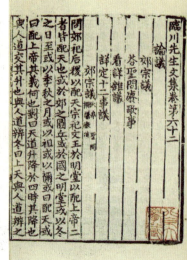

《商君书·错法》书影

孟子像

单说爱民，往往还是比较抽象的。说体贴你，关心你，不能只是在口头上，要有实际。民众往往是凭实际说话的。正是基于对民众求实心理的理解，您提出"法利民"的口号，"法明而民利之也"（《商君书·错法》）。那么，先生的意思是，只要执法严明，一定是可以给大家带来实利的。就法给人民带来实利，您能说些什么呢?

商鞅：这是个大课题。法令实行下来，大家的生活不改善，社会也不安定，那老百姓是不会给变法唱赞歌的。与我同岁的儒家代表人物孟子老是讲"王何必曰利，亦有仁义而已矣"。请问，老百姓看不到实利，怎么会相信你仁啊义啊那一套。我是与儒家反其道而行之，大讲其"利"。法带来的利，大致有两种情况：一种是变法带来的整体性的利益。《史记》上说的，变法十年，为何"秦民大悦"呢？因为他们看到了"道不拾遗，山无盗贼，家给人足"的实利。另一种是个体性的实利，那是通过奖惩、通过爵禄制得到的实利。这的确也是十分诱人的。我在法规中定得十分具体。法律明文规定，爵至九级，即五大夫，就可"税邑三百家"，也就是坐食三百户的税收。七级的公大夫，可以享受县令的待遇，得到数百石以至于千石的俸禄。这不正是一种因人而异的实利吗？各人的努力程度不同，所立的功也不同，得到的奖励也不同。这样，在"利"上也就拉开了距离。

先生您在多种场合都说到了"利民"这个话题，并把它视为变法的中心议题。可是，您在另一些场合又大讲其"弱民"，《商君书》的第二十篇题名就是"弱民"，还明确告诉人们，"民弱国强，民强国弱"。又是说"利民"，又是说要"弱民"，究竟是怎么回事呢？请您做出必要的解释，好吗？

韩非子像

韩非子，战国晚期韩国人，战国法家思想的集大成者。《史记》记载，韩非精于"刑名法术之学"，与秦相李斯都是荀子的学生。韩非口吃而不擅言语，但文章出众，其文主要收集在《韩非子》一书中。韩非对《商君书》赞赏有加，认为《商君书》广为流传，民众皆藏有商、管之书。他特别表彰了商君的利民思想。

商鞅："弱民"云云，比较复杂。前面已经讲到，"弱民"之"弱"，首先是要"弱化"人性中的自由放任倾向，把人都纳入到法的轨道中去，这是面向所有人的。所有人面对法律都是"弱"的。这是一层意思。同时，我所说的"弱民"又是有重点指向的，那就是那些不法之民。《史记·商君列传》中说到"民"这个字眼时，指向并不相同，对变法的态度也并不相同。说变法后"秦民大悦"中的"民"是一种指向；赵良说变法"残伤民以骏刑"中的"民"是另一种指向。在《商君书·更法》中我说的"爱民"的"民"，和甘龙说的"不易民而教"中的"民"，也不是一回事。如果把两者混在一起，就说不清楚了。

其实，我所说的"爱民"、"利民"中的那个"民"，指的是全国绝大多数民众，他们是变法的得益者。不然，又怎么会出现同韩非所讲"藏商、管之书者家有之"（《韩非子·五蠹》）的景象呢？至于《弱民》篇中要削弱、压制的那种"民"，是占人口极少数的奸民、不法分子，在《弱民》篇中我称之为"六虱"——那些倒买粮食的民、终年享乐无所事事的民、以华丽物品败坏社会风气的民、倒卖玩好物品的民、意志消沉行为消极的民、空谈惑众的民。这些"民"，难道国家不应该"弱化"他们吗？这些人不"弱"，国家"强"得了吗？

立法过程中要考虑诸多因素,最重要的是要察民情。您说:"因世而为之治,度俗而为之法。故法不察民情而立之,则不成。"(《商君书·壹言》)您这里说的"民情",指的是什么呢?

翦伯赞像

翦伯赞,现代著名历史学家、教育家、社会活动家,主编《中国史纲要》等。他认为商鞅变法是察情的,明确指出:商鞅变法"因世而为",是得到民众拥护的。

商鞅:察民情,是立法过程中的大原则。我说得很明确:"不察民情而立之,则不成。"意思是说,如果不体察民情,而勉强去立法,结果是不会成功的。从一些篇章综合起来看,要解决这样一些问题:第一,立法要解决的主攻方向是什么?"国务壹,则民应用。"法要规定民众一心经营的该是什么?这个问题后来是明确解决了,"壹"就是垦荒,就是农事。国家那么大,又相对比较落后,不搞大规模垦荒,不把农业搞上去,怎么行?第二,要根据国情解决"开"与"塞"这两个大问题。从大原则上讲"开"就是要"开"公利;"塞"就是要堵塞私门。大原则好讲,但具体处置时就不容易。可以说,二十年上下的变法历程一直是在寻求开塞之途。第三,根据秦国旧贵族势力特别强大的现实情况,我建议特别要强化"塞民以法",就是要订立一系列制服强横、打击投机、压制营私的专法。

翦伯赞主编《中国史纲要》书影(人民出版社出版)

翦伯赞在其著作中不认为商鞅抑商,他说:"秦自孝公用商鞅实行变法之后,秦国的政权已经是商人地主的政权。"

法律制定后，也不是万事大吉了。这里就涉及一个"法明"的问题。所谓"法明"，就是法律条文要让民众明白。"法明，而民利之也。"（《商君书·错法》）意思是，只有让民众明白了法规，民众才能真正从实施法规中得益。请问："法明"，真是那样重要吗？在当时条件下能做到让民众"明法"吗？

杨鸿烈《中国法律发达史》书影

商鞅： 让民众了解法规，其意义之重大怎么形容也不为过。法律公布于民众，让举国上下人人明白，标志着一个时代的开始，也标志着一个时代的结束。我国从春秋末到战国时代，是"由秘密法阶段蜕化为公开的法典时代的开始"（杨鸿烈《中国法律发达史》）。第一个站出来搞法律公布的是郑子产，他把法律铸在刑鼎上。接着是晋国赵鞅的铸刑鼎。这两个举动受到了王公贵戚的极大抵制，但法律公开的潮流势不可挡，后来，齐国的《七经》、楚国的《宪令》、韩国的《韩符》、赵国的《国律》、魏国的《魏宪》，都是公布了的。我则比我的前辈走得更远，我不只要求法律公布，还要求大家都能明白；为使人人明白，我要求法律条文本身在书写上规范化。我说过："圣人为法，必使之明白易知，名正，愚智遍能知之。"（《商君书·定分》）这里比前人多的是行文上的要求和法律文本措辞正确性上的要求。当然，"明法"不只是法律条文的问题，还有个宣传教育的问题。在这方面，不敢说做得怎样的好，但比前人推进了一步，那是肯定的。

《商君书·定分》书影

此篇论述了"为法置官吏"的制度和意义，以及法官法吏的职责。法令明，名分定，民众自治，亦天下大治。

为了解决民众的"法明"这个大问题。您在文字的推敲上的确是下了不小功夫的。我们读现在大家公认的您亲自撰写和审定的《垦令》《境内》《战法》《立本》《兵守》五文,篇篇文辞浅近,短小精悍,明白通畅,完全可以做到妇孺咸宜、智愚皆明的程度。您的明法思想受到后世统治者的高度认同,汉、唐、宋各代察举人才及科举取士的科目名称就是"明习法令",汉高祖下诏以"明法"为选官条件之一。为了"法明",据说,您在法律文本的保管和修订上还订立了一套严格而行之有效的办法?

商鞅: 是的。所谓"法明",首先得基于法律文本的准确无误,而法律文本的无误又依仗于国家机构的严格的保管制度。法律文本分正本和副本。正本存于国君那里,另在宫室中设一禁室,存放法律副本,先用封条把法律副本封死,然后盖上禁室印鉴,再将禁室上锁。如有人盗改法律一个字,不论何人,一律处以死刑。法律的修改由专门机构进行。每年法律必公布一次,如有修改,要在公布时告诉民众。公布必须以禁室收藏本为准,原原本本地宣读,或写于帛,或刻于石,或书于竹木简,还要在交通要道处设置法律文本的布告栏,便于广大民众随时可以查阅。这"法明"两字的要旨就是在于增加法律的透明度。

《老子》帛书甲、乙本(长沙马王堆出土)

还有一个也许比"法明"更重要的问题，那就是"法平"的问题。您宣称："靳（饬）令则治不留，法平则吏无奸。"（《商君书·靳令》）这里最重要、也是最难实施的是"法平"——法律面前人人平等的问题。先生，您是如何处置这样一个古今的举世难题的呢？

商鞅： 正如你们说的，这是一个古今难题，也是个中外难题。但是，难是难，总得解决啊，不然，所谓的"法平"说到底还是纸上谈兵。这里需要的是综合治理。而最实在最急切的一条是执法官吏的"无奸"问题。我说了，"法平则吏无奸"。这话看怎么理解。我以为，有了体现公平的法，那具体执法的吏是决定的因素。这些人的"无奸"，是实施"法平"的重要保障。在这方面，我作了些硬性的规定。比如，执法官吏自己必须是法律的行家里手。"为法令置官吏，朴足以知法令之谓者"（《商君书·定分》）这里的"朴"，是寻找的意思，国家要寻找那些真正懂得"知法令之谓者"为法吏。这样的官吏必须身体力行，"法令以当时立之者，明旦欲使天下之吏民皆明知而用之"。就是说执法官吏必须作风上雷厉风行，宣讲新的法律文本不过夜。执法官吏不准随意改动法律文本，谁改动了，就得处死。执法官吏有义务给民众讲解法律文本，讲解的内容要记录在案，可以随时核对。发现有官吏错解文本的，从严处置。如果是曲意错解的，当处死。还有，你这个官吏宣讲什么法令，但如果自己做不到，就要拿你宣讲的那个法令去治你的罪。如此等等，不一而足。

张晋藩像

张晋藩，著名法学家，中国政法大学终身教授、博士生导师，兼中国法律史学会专业顾问、中国法文化研究会会长等社会职务。编著有《中国法制史》（主编）、《中国法律史论》《法史鉴略》等，认为商鞅变法除了注重"法明"外，还强调"吏无奸"，对商鞅作了高度评价。

《中国法制史》书影（高等教育出版社出版）

张晋藩在《中国法制史》书中说："商鞅的一整套关于告奸的法律规定，对后来历代反动统治者实行暴政虐民是有重大影响的。"

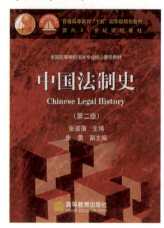

普通高等教育"十五"国家级规划教材
面向21世纪课程教材

全国高等学校法学专业核心课程教材

中国法制史
Chinese Legal History
（第二版）

张晋藩　主编
朱　勇　副主编

高等教育出版社
HIGHER EDUCATION PRESS

这些举措是够具体和够严厉的了。但是，要执行起来恐怕有一定的难度。"吏无奸"，这绝对是好事，您所定的那些条款民众也是绝对会拍手称快的，可是，真能做得到吗？由谁来督促上上下下那么多官吏呢？

高亨像

高亨，先秦学术和文字学家、著名的训诂学者。有些训诂成果被《汉语大字典》作为专门义项收录。著有《商君书注译》等。他说："商鞅是中国历史上一位杰出的思想家、政治家兼军事家，他在秦国适应历史潮流，得到人民支持，使秦国国富兵强，压倒六国，为秦始皇统一当时的中国奠定了基础。商鞅是中国政治史上一面进步大旗。"(《商君书注译》)

《商君书注译》书影（中华书局出版）

商鞅： 我的回答是官民互相监督，尤其注重的是民督官，民督吏。我说过这样一段话："吏民知法令者，皆问法官。故天下之吏民无不知法者。吏明知民知法令也，故吏不敢以非法遇民，民不敢犯法以干法官也。遇民不修法，则问法官。法官即以法之罪告之。民即以法官之言正告之吏。吏知其如此，故吏不敢以非法遇民，民又不敢犯法。"(《商君书·定分》)这里涉及三部分人：法官、吏、民。法官对国家对君上负责，对法律负责，而又受制于国家、君上、法律。吏"以牧民"，以法律精神管理民众，同时，吏面对的又是"知法令者"的民，因此又受到民的严格监督，从而"不敢以非法遇民"。吏如果做得有什么不当的，民可以当面"正告之吏"。我是想用这样一种环环相扣的监督法，来促成法律公平的实现。无论后人怎么评述我，但我一直相信，我的这些做法（甚至可以说是设想），对后世的人们，还是有参考价值的。权力得不到监督，就会无限扩大，走向罪恶，无数的铁一般的事实不是清清楚楚地摆在那里的吗？官吏的权力得不到制约，还会有什么法律面前的人人平等？

为了法律的公平，您提出了"壹刑"说。据我们理解，所谓"壹刑"有两层最基本的意思：一是所谓"百县之治壹形"，也就是把原先许多杂乱无章的地方立法都取消了，实施全国法律的统一管理。立法权在中央，法的解释权也在中央。只有"壹形"了，才能"壹刑"。二是不管何等样人，在法律面前人人平等。在这方面，您落实了哪些切实可行的具体措施呢？

商鞅：《赏刑》一文中的这样一段话是能说明问题的。这段话说道："所谓壹刑者，刑无等级，自卿相将军以至大夫庶人，有不从王令、犯国禁、乱上制者，罪死不赦。有功于前，有败于后，不为损刑。有善于前，有过于后，不为亏法。忠臣孝子有过，必以其数断。守法守职之吏，有不行王法者，罪死不赦，刑及三族。周官之人，知而讦（举报、揭发）之上者，自免于罪，无贵贱，尸袭其官长之官爵田禄。"这里讲了六种情况下的法律面前的平等：一是各社会阶层人士在法律面前一律平等，不管你是卿相将军，还是庶民百姓，都"罪死不赦"。二是屡建奇功的功臣和一般人一样在法律面前一律平等，破除了所谓的以功折罪之弊。三是以善举闻名乡里之大善人与普通人一样在法律面前的一律平等，不能以善代罚。四是忠臣孝子与民众一样在法律面前人人平等，该怎么判就怎么判。五是主管法律和掌握职权的官吏与百姓一样在法律面前人人平等，该杀的杀，该刑及三族的刑及三族。六是官无大小，法律面前一律平等。凡下级官员，只要是举报上司属实的，就可以因袭上司的职务、爵位、土地俸禄。

黄宗羲雕像

黄宗羲，明末清初经学家、史学家、思想家、地理学家、天文历算学家、教育家，学问极博，思想深邃，著作宏富，与顾炎武、王夫之并称明末清初三大思想家（或清初三大儒）；他认为商鞅变法提出"壹刑"，强调在法律面前平等，"有治法而后有治人"。

《资治通鉴》（元刻本）书影

《资治通鉴》系北宋司马光历时十九年完成的多卷本巨著，它不仅是我国第一部编年体通史，更是一部总结历代经验教训，包括对商鞅变法成败得失加以评说，以供统治者借鉴的政治参考书。

这六条的确是好得很，条条都值得称道。如果真能兑现，那是何等光明的社会景象啊！这里想问的是：在您看来，六条中哪一条最具有根本的性质？

司马谈像

司马谈，在汉初为五大夫，在汉武帝时任太史令。其子司马迁受他的影响最深，汉武帝元封元年东巡至泰山，举行祭祀天地的"封禅"大典。司马谈因病未能从行，深感遗憾，抑郁憾恨而死。他著有《论六家要旨》，说："法家不别亲疏，不殊贵贱，一断于法，则亲亲尊尊之恩绝矣。可以行一时之计，而不可长用也。"其言包含着某种偏见的成分。

商鞅：当然是第一条了。如果真能做到"自卿相将军以至大夫庶人，有不从王令、犯国禁、乱上制者，罪死不赦"，那变法还有什么推行不下去的？这一条之所以难能可贵，因为它最能体现法律平等的精义，最能受到全国绝大多数百姓的拥戴。当然，它也最触动既得利益的保守阶层和保守集团的神经，因此，实施这一条也最艰难。后人评述我的变法思想，最值得称道的，也许就是这一条吧！秦孝公死后，那些"卿相将军"和王公贵戚，非要置我于死地不可，也因这一条吧！儒生批判我也是说什么"不殊贵贱，一断于法"（《论六家要旨》）。但后世的思想家、政治家大多对变法予以充分的肯定，或著书，或立传，或刻石，予以弘扬和纪念。

商鞅广场浮雕（局部）

面对这最艰难的一条，您想到过知难而退吗？要知道，一旦触及旧贵们的身家性命时，一旦您要把这些人长期占有的，甚至是世袭的"特权"用变法的形式一锅端掉的时候，这些人是会拼命反抗的啊！在这种情况下，不是鱼死，就是网破，这一点，您想到了没有呀？

商鞅：想到了，想到了。当太子犯法，我断然采取"刑其傅公子虔，黥其师公孙贾"的时候，我想过；当"公子虔复犯约，劓其鼻"时，我想过；当看到"公子虔八年杜门不出"时，我想过；当赵良提醒我孝公死后"亡可翘足而待"时，我想过。不仅想过，我甚至想过旧势力的强大是难以抵挡的，我的被杀是必然的。但是，我给出的回答仍然是史书上记述以及朱熹所说的那样："商君弗从！"如果我"从"了，还有谁来支撑法律公平的原则呢？我想的，正如你们后人说的一句名言一样："我不入地狱，谁入地狱！"

朱熹像

朱熹，南宋著名的理学家、思想家、哲学家、教育家、诗人、闽学的代表人物，世称朱子，是孔子、孟子以后最杰出的弘扬儒学的大师。他认为商鞅变法讲求"公平"的原则，有大功。

《朱子语类》书影

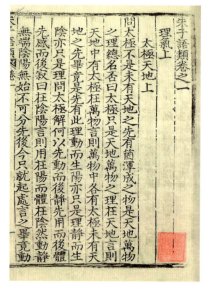

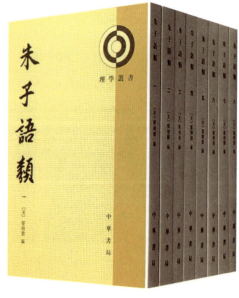

经过一场又一场是否要公平执法的严峻较量，您道出了最感慨，也是最揪心的八个大字："法之不行，自上犯之。"我们理解，这八个字，既是历史经验的总结，又可看成是您自己变法经历的最深切体会，是不是这样？

吴起像

吴起是战国初期著名的政治改革家，卓越的军事家、军事改革家。后世把他和孙武连称"孙吴"，著有《吴子》，《吴子》与《孙子》又合称《孙吴兵法》，在中国古代军事典籍中占有重要地位。吴起和商鞅在变法中都遇到巨大阻力，命运也相似，吴起最后伏王尸被乱箭射死，商鞅则车裂而死。

《吴子兵法》书影（中国社会出版社出版）

商鞅：这首先确实是历史经验的总结。最使我感慨的是早期法家的代表人物吴起，他的变法之所以举步维艰，就因为楚国旧贵的重重阻挠。楚王死后，吴起之所以被乱箭射死，也是由于楚国上层保守势力的报复。"自上犯之"，表现得十分明显。在我的变法过程中，实际上普通的百姓是最好讲话的，也是最通达的，最可爱的。一旦他们明了了变法会带来国富民强的时候，就会倾其全力地支持你。正如史书上记载的："商鞅使秦国移风易俗，民以殷盛，国以富强，百姓乐用。"（《史记·李斯列传》）"百姓乐用"四字，说明了当时百姓是支持我的变法的。最可憎的是那些盘踞在社会上层、手里已经攒有大把大把利益、又怕在变法中失去既得利益的官僚、贵族。"自上犯之"，他们会制造舆论中伤你，会凭借实力打击你，会依仗世俗的优势陷害你，会窥测时机搞垮你。不解决这"上层"问题，变法的成功永远是一个问号。即使暂时成功了，他们也会积聚力量卷土重来。无怪乎后人有"治民易，治官难"的说法了。

吴起是商鞅的前驱。著有《吴子》。商鞅从吴起的变法实践中学得了很多东西。吴起反对世爵世禄，"三世而收爵禄"；吴起主张简政，"捐不急之官"；吴起主张"私不害公，谗不蔽忠，言不取苟合，行不取苟容，行义不顾毁誉"，这些都在《吴子》有所记载，并在商鞅身上得到了生动的体现。

说到"法之不行，自上犯之"，我们都知道，您的心境有点儿悲凉。来自上层的阻力是那样的大，变法真是举步维艰。怎么办呢？从历史进步的视角看，不知您想过没有，难道变法真的永远跨不出"自上犯之"的泥潭吗？

商鞅：我想还是有出路的。历史是要走向光明的，"自上犯之"的那些人们，貌似强大，从历史的视角观之，那是十分藐小的。正像庄子在他的寓言中描述的那样，不过是挡车的螳臂而已，没有什么了不得的。如果通过我这次变法，能树立一种新的社会观、政治观的话，那将是受益千古的。我在《商君书·说民》中说了值得后人永远记住的几句话："民胜法，国乱；法胜民，则兵强。"这几句话要所有人回答的是：究竟是法大？抑或是人大？究竟是法治，抑是人治？"民胜法"，不管你这个"民"有多能干，有多伟大，有多能耐，那还是人治，我以为结果最终只能是"国乱"。历史上那么多事实不都明明白白地摆着的吗？历史终究是要走向"法胜民"的，法治是大势所趋。

荀子像

荀子，名况，字卿，战国末期著名思想家、文学家、政治家，儒家代表人物之一，时人尊称"荀卿"。曾三次出任齐国稷下学宫的祭酒，后为楚兰陵（今山东兰陵）令。他提倡性恶论，常被与孟子的性善论比较。对重整儒家典籍有相当大的贡献。荀子比商鞅晚出几十年，是商鞅身后第一个站出来肯定商鞅的人。

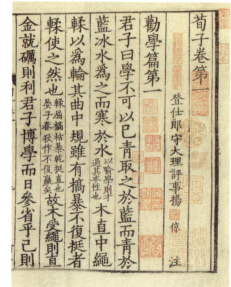

《荀子》书影

荀子是儒家集成大者，他反对孔孟的"人性本善"，而提出性恶论，但由于他提出国家的治乱决定于有没有贤人当政，也被视为反对法治而力主"人治"的思想家。其实不然。荀子充分估计了法对国家统治者的重要。如"法者，治之端也"，"君子者法之原也"（《荀子·君道》）。

我们都觉得，"法胜民"这个提法好。不过，要做到"法胜民"，还是要寄希望于民众，还是要有步骤地对民众进行长期的、艰难的法制教育。这方面您是否有具体而细致的考虑？比如，宣传群众的工作该怎么做，该由谁来做，以及骨干队伍如何建立等，这些您都考虑过了吗？

陆贾像

陆贾，西汉政治家、文学家、思想家。他参与诛灭诸吕、迎立文帝刘恒，出力颇多。文帝即位后，陆贾再次出使南越，劝说自称南越武帝的赵佗废去帝号。重新恢复与中原的臣属关系。他批评法家用刑太极，说："事愈烦天下愈乱，法愈滋而奸愈炽，兵马愈设而敌人愈多。秦非不欲为治，然失之者，乃举措暴众而用刑太极故也。"（《新语·无为》）。

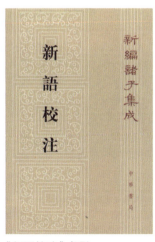

《新语校注》书影
（中华书局出版）

商鞅： 法的教育我是考虑得相当周密的，在变法期间也一直在做。至少有这么些做法吧：第一是培养法律教师。"为置法官，置主法之吏，以为天下师，令万民无陷于险危。"（《商君书·定分》）这里提到两类法律老师，一类是"法官"，那是层次较高的，进行法的理论建设和体制建设的。另一类是"主法之吏"，相当于法律宣讲员，他们直接深入到民众中去，做官使工作，也做法的解释工作。第二个措施是禁绝私议。"世之为治者，多释法而任私议，此国之所以乱也。"（《商君书·修权》）为防止思想上的混乱，反对"私议"，提倡"公议"。当时一定是有"公议"场所的，也有公议的一定形式的，只是没有留下文字的东西罢了。"公议"的老师当然也是国家委派的相关官员了。第三是允许民间在学习法律过程中提问，提问不是让大家乱议论，而是向有关官方发问。提问以后由有关的法律教师做出明确的解答。提问也罢，作答也罢，都是要记录在案的，可见那是很严肃很认真的事。汉代陆贾认为法律的周密而带来事烦，进而说我"事愈烦天下愈乱"，其实，这也是一种历史的偏见。

在法制建设上，您是个理想主义者，也是个完美主义者。在《商君书》全书的最后一篇为《定分》，全书煞尾的话的中心议题是"民皆以自治"。可以看得出，您是怀着激情写完全书的。您写道："圣人立，天下而无刑死者，非不刑杀也，行法令，明白易知，为置法官吏为之师，以道之知，万民皆知所避就，避祸就福，而皆以自治也。故明主因治而终治之，故天下大治也。"这样理想主义和完美主义的追求，好像在其他地方没见到过，是不是？

商鞅：太史公说我"刻薄"，说我"少恩"，贾谊说我"违礼仪，弃伦理"，其实，从内心讲我实在是富有情感的改革者！我的理想就是要让民得以自治，也就是学会自己管理自己。环绕"自治"这个话题，我说了不少。首先，要让每个人都学法、懂法，一个都不能少，"愚智遍能知之"。其次，要"定分"，把是非非的界限划得很清楚，很明白。"名分定，则大诈贞信，民皆愿悫，而各自治也。故夫名分定，势治之道也。"（《商君书·画策》）再次，通过学法，要好好地改造一批人，使"诈贤能者，皆作而为善，皆务自治奉公。"在我的词典里，所谓"诈贤能者"，指的是巧诈的、逞能的、自以为贤达的那一帮人，是被我归入"六虱"之属中去的。但是，通过学法，我相信这些人也能被改造过来，也能"自治奉公"。"民自治"是一种极高的境界，我认为那本身就是"天下大治"的标志。

贾谊像

贾谊，西汉初年著名的政论家、文学家。因遭群臣忌恨，被贬为长沙王的太傅。后被召回长安，为梁怀王太傅。梁怀王坠马而死后，贾谊深自歉疚，至33岁忧伤而死。其著有散文《过秦论》《论积贮疏》，辞赋以《吊屈原赋》为最。他批评商鞅说："商君违礼义，弃伦理，并心于进取，行之二岁，秦俗日败。"（《新书·时变》）很显然，贾谊是个对法家思想有偏见的儒生。

《新书·过秦上》书影

话又要说回来,现实与理想总是有距离的,有时简直有着天壤之别。对您变法中的种种作为,后人还是议论纷纷的。后人的议论,有的并不正确,有的是有道理的。有些论者认为,商君连私人之间的斗架也要立法,实在太小家子气了。对这样的批评,您心服吗?

韩非子雕像

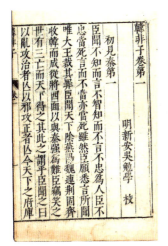

《韩非子》书影

《韩非子·定法》云:"申不害言术,而公孙鞅为法……君无术则弊于上,臣无法则乱于下,此不可一无,皆帝王之具也。"申不害,亦称申子,战国时期韩国著名的思想家。他在韩为相十九年,使韩国走向国治兵强。

商鞅: 这种批评源自一些人没有读懂我的书,也没有读懂历史的缘故。"私斗"不是个人与个人之间为了点丁儿小事闹起来的打斗,也不是邻里纠纷,更不是家庭里的父子、婆媳间的纠纷。"私斗"是一种长期以来一直存在着的社会现象。"私斗",又称为"邑斗"。是邑(都市)与邑之间的统治者为了争夺土地和人口而进行的无休无止的斗争,这在春秋战国之时还相当盛行,造成的危害也相当的大。《韩非子》在《八奸》篇中就批评过这种"邑斗之勇"。我的反对邑斗之勇,提倡"勇于公战",是改造民众素质的一件大事,岂可以"小家子气"言之? 如果人们都把心思集中在"邑斗"上,不关心国家的兴盛或衰亡,哪还会有国家的富强、社会的繁荣? 显然是不可能的。"邑斗"还把人们的精力分散了,到头来中央集权、君主专制也实现不了。这样看来,严格执法,使民众"勇于公战,怯于私斗",事关统一大局,是切不可等闲视之的。

不少学者认为商鞅推行"轻罪重罚"政策，白寿彝教授就说过："商鞅主张对轻罪用重刑，至使执法无准。"（《中国通史》）如果属实，这种批评应当说是致命的。说您实施"轻罪重罚"，就等于说您用自己的手破坏了您自己制定的法规的纯洁性和公平性，就等于说您是用"法"这个武器来滥杀无辜。对这种批评，您持何观点？

商鞅：其实，我并没有说过"轻罪重罚"这样的话。你们如果有兴趣的话，可以去认认真真地翻翻我的《商君书》。我记得我只是说过："重刑而连其罪，则褊急之民不斗，很刚之民不讼，怠惰之民不游，费资之民不作，巧谀恶心之民无变也。"（《商君书·垦令》）这里说了"重刑"，相当于是"重罪"，我可并没说对"轻罪"实施"重刑"呀。这是变法的第一道法令中说的话，为了让法起到威慑的作用，我用了"重刑"这个词儿，相当于说对"重罪"者要严肃处理、严惩不贷的意思。这里可一点也没有可以允许有人拿着法律武器滥杀无辜的意思，而我警告的又是对变法有偏见的人（褊急之民），强横霸道的人（很刚之民），游手好闲的人（怠惰之民），阿谀奉承、恶意中伤的人（巧谀恶心之民），对这样一些人发出"重刑"的警告，有什么不当的呢？

有的著述为了证明我"轻罪重罚"，举了个有人盗窃了耕牛和马匹，就要处死的实例。我觉得，这个实例正好可以证明我在执法中是坚持"罪罚相当"原则的，说明我是反对"轻罪重罚"的。在我那个时代，耕牛是最重要的耕作工具，关乎农业；马匹是最主要的交通工具，关乎流通。偷盗牛马，能说是轻罪吗？重罪而重罚，罚之有当！

《中国通史》书影（上海人民出版社出版）

史书上有记载说，你制定了"弃灰于道"要处以"黥刑"的可怖法规，这不是典型的"轻罪重罚"吗？先是汉代的刘向在《新序》中批评您说："法严而酷，刑深而必。"后来南北朝时的裴骃又把《新序》中一些话经过加工："今卫鞅内刻刀锯之刑，外深铁钺之诛，步过六尺者有罚，弃灰于道者被刑，一日临渭而论囚七百余人，渭水尽赤，号哭之声动于天地，畜怨积仇，比于丘山。"（《史记集解》）这样，"弃灰于道者被刑"就"铁证如山"地加到了您的头上。请问先生，对此您有何言？

裴骃《史记集解》书影

商鞅：如果真的"弃灰于道"要处之以"黥刑"，这的确是"轻罪重罚"了。黥刑，也称墨刑，是在脸上刻字或刻上犯罪图像的一种刑罚。古书上说："刻其颡，以墨实其中曰黥。"颡，就是额头，俗称脑门子。在脑门子上刻上一大块字，再涂上一大块墨，这是一辈子都褪不掉的。中国人是爱脸面的民族，黥刑伤及脸面，无疑算是重刑了。但是，说"弃灰处黥刑"是我的发明，那实在是冤枉得很呐！在《韩非子·内储说上》明明白白地写着："殷法刑弃灰""殷之法刑弃灰于街者""殷之法，弃灰于公道者断其手"。后世不少专家经过考证，已经明确了，"弃灰处黥刑"是商代末年的酷刑，是用来对付民众反抗的。为何硬是要把此恶名强加在我头上，原因是由于我实施变法中铁面无私地伤害了某些人，这些人哪会甘心？就挖空心思地把"严刑峻法"的恶名往我头上扣，把原本严峻的商代法规条例也移花接木到我头上来了，岂不冤哉！

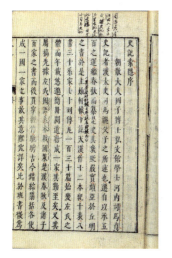

司马贞《史记索隐》书影

司马贞，唐代著名的史学家，开元中官至朝散大夫，宏文馆学士，主管编纂、撰述和起草诏令等，著《史记索隐》三十卷，与南朝时期裴骃的《史记集解》、唐张守节的《史记正义》合称"史记三家注"。裴骃《史记集解》说商鞅"弃灰于道者被刑"，歪曲了商鞅的形象。对商鞅的评说有失偏颇。

如果说"轻罪重罚"不成立的话，那么查《商君书》您确实说过"重罚轻赏"的话。您说过："治国刑多而赏少，故王者刑九赏壹，削国赏九而刑壹"（《商君书·开塞》）这话总是您说的吧！白纸黑字，清清楚楚，还有什么可说的呢？

商鞅：这个问题有点儿乱。《商君书》一书，不是我一个人所作，是我和我的后学的共作。杨宽先生在《战国史》有较详细论述。其中有我的作品，也有我的后学的作品。后学的作品基本上与我的思想合拍，不然就不能称为商鞅后学了。但也有某些差异。在《商君书》中，有"重罚轻赏"的提法，也有"重赏轻罚"的提法。这就是差异。别的且不多说了，"重罚轻赏"肯定不是我自己的观点，证据就是人们考定我亲自写的《垦令》等篇章中一次都没有说到过要实施"重罚轻赏"。

从《商君书》整本书的倾向来看，可以说倒是比较主张"赏罚相当"，而又稍偏向于以赏为主的。我举一段话："臣闻古之明君，错法而民无邪，举事而材自练，赏行而兵强。此三者，治之本也。"（《商君书·错法》）我在这里说了，治理国家有三大法宝：一是错法（立法），二是人才，三是赏行。看，我讲的是三条，赏行算一条，而罚的问题根本没放进去。有时，我赏、罚并提，也总是赏在前，罚在后。

杨宽像

杨宽，历史学家，著有《西周史》《战国史》《杨宽古史论文选集》以及《商鞅变法》等著作。他认为《商君书》非一人所著。

《战国史》书影（上海人民出版社出版）

战国史专家杨宽以为：《商君书》不是一人或一时的作品，它是卫鞅学派著作的汇编性质。"（《战国史》）具体地说，它是商鞅、商鞅弟子、商鞅学派、秦代商鞅后学的集体作品，但基本的思想无疑是商鞅的。

您这样一讲,倒使我们清醒了许多,使我们从非议商鞅的误区中走了出来。比如讲到军爵制度,这是变法的一个重头戏。它的推行,究竟是主要靠"赏"呢? 抑或主要靠"罚"? 我们重新认真地读了一下,感到主要还是提倡"赏"的,不像某些人评述的那样是靠重罚来维系这种制度的,朱绍侯先生认为您的"军功爵"思想吸引着人们来发挥自己最大的能量,您说对不对?

朱绍侯像

朱绍侯,考古学家、教授。曾任中国史学会理事、中国秦汉史研究会副会长,长期从事中国古代史教学和研究工作。著有《军功爵制考论》等,对商鞅变法极为推崇。

商鞅: 对的! 爵禄制是一种鼓励人奋进的创新制度,意在鼓励人们去好好立军功啊,罚当然会有,但绝对是第二位的。我说了,"夫民力尽而爵随之,功立而赏随之,人君使其民信于此如明日月,则兵无敌矣!"(《商君书·错法》)这里讲了两个"随"字,"爵"随"力"而来,"赏"随"功"而至。军爵制是要人奋进,不是要人受罚。受罚是不得已而为之的。比如,在《境内》篇中,我讲了大量的赏法,最后也讲到了罚。对那些不能死力战斗的人,对那些逃兵,怎么办? 就是要罚! "不能死之,千人环规,谏黥劓于城下。"(《商君书·境内》)意思是说,对那些不肯拼死战斗的人,临阵退却的人,就在千人的围观之下,在城下施行刺额、割鼻的刑罚。为何这种罚要在"千人环视"下实施? 目的就是为了让众人接受教育,步入立功请赏的行列。

《军功爵制考论》书影(商务印书馆出版)

在《军功爵制考论》中说:"秦自商鞅变法以来,军功爵贯彻比较得力,把全国军民上下人等都纳入了战争的轨道,而且这种制度吸引着每个人来发挥自己最大的能量。"军功爵思想未必全面,但经商鞅变法的大事宣传,"立功"的观念深入到广大民众的心田之中了。

这样讨论来讨论去，有些对您的非议是可以澄清了。但是，在我们看来，在变法过程中，有些做法和举措的确还是值得商榷的。比如，您说"刑无等级，自卿相将军以至大夫庶人，有不从王令、犯国禁、乱上制者，罪死不赦"，好得很，只要真心向往变法、真心希望国家富强的人，都会举双手赞成。这是个总原则，您称为"壹刑"。但是，在军功爵的制定中，有些条款您又用自己的手把这"壹刑"的原则给打破了。这点您承认不承认？在《商君书·赏刑》篇中，说过不能以功折罪，更不能以功抵罪，但是，您在《商君书·境内》篇中又大谈其以爵折罪、以爵抵罪。这不是自相矛盾了吗？

商鞅：我承认，这种互相矛盾的现象是存在的。比如，"爵自二级以上，有刑罪则贬。爵自一级以下，有刑罪则已"（《商君书·境内》）。二级以上的人犯罪，就是降低他的爵位。一级以下的人犯罪，就取消他的爵位，这样一来，还有什么"以罪论罚"的原则？还有什么法律面前人人平等？这种自相矛盾的地方，在立法中，在法的实施中，都还有一些。这就是你们常说的历史局限性吧！也是我变法的不彻底性的表现。但不管如何，为了变法，我正如明代学者张燧所言："（商）鞅一切不顾。"

《商君书·境内》书影

此篇零星记录了秦的一些制度，包括户籍制度、仆役分配制度、军队建制、对有爵位的人的犯罪处治办法以及不同爵位的人死后坟墓上树木的数量等。

《千百年眼》书影

张燧，字和仲，明代学者，和朱舜水一样，张燧前半生在中国，后半生寓居日本。所著书多种，而《千百年眼》盛传于世"，其价值曾经得到王夫之、阮元等学术大家的肯定。康熙将此书列为禁书，自己却终生秉烛攻读不辍。他夸奖说："（商）鞅一切不顾，真是有豪杰胸胆！"

推行军爵制，这对于废除世爵制是有巨大的历史价值的。但是，为了实施军爵制度，您许了许多愿。而且有些上了法律条款的意愿，明显是难以实施的，这样造成的结果是适得其反，也损害了变法的形象，您说对不对？

诸葛亮像

诸葛亮，字孔明，号卧龙（也作伏龙），蜀汉丞相，三国时期杰出的政治家、战略家、军事家。后来的东晋政权为了推崇诸葛亮的军事才能，特追封他为武兴王。代表作有《前出师表》《后出师表》《诫子书》等。成都有武侯祠，他推崇商鞅的军爵制，认为可以"师法"。

商鞅： 我承认，这也是我在变法中的一大失误。比如我说："能得甲首一者，赏爵一级，益田一顷，益宅九亩，一除庶子一人，乃得人兵官之吏。"（《商君书·境内》）原先的用意是好的，但办不到。杀敌一人，就可"赏爵一级"，那时总共爵分二十，那么杀敌二十人不是封顶了吗？再上去怎么办？我没想清楚。杀一个敌人可得"益田一顷，益宅九亩"，天下有那么多田地可供奖励用吗？当时我也没想清楚，杀一敌人，可得一个家奴，那现实吗？我没好好想。杀一敌人，"乃得人兵官之吏"，就是可以在军队中当上军官，这现实吗？几仗打下来不是兵少官多了吗？这些，在当时我都没想清楚。只是一味地许愿。结果必然是适得其反的。我自己说"信为法之大本"，我这样的轻诺，是与"信"的大原则背道而驰的。

《商君书·境内》书影

在中国历史上起了最坏作用的莫过于由您倡导的告奸连坐条例了。早在汉代就有人批评说："商鞅为秦立相坐之法，而百姓怨矣！"（《淮南子·泰族训》）一直到当代，有学者在总结历史经验时还指出："商鞅的一整套告奸的法律规定，对后来历代的反动统治者实行暴政虐民是有重大影响的。"（张晋藩：《中国法制史》）有的说得更严重，说您为"历代反动统治者实行法西斯特务统治奠定了基础"呢！（乔伟：《中国法律制度史》）这样义正词严的批判，您能接受吗？

商鞅：如果从反省的角度看，我完全能接受。我不说制定这样一些法规的初衷了，历史的评判是注重于客观后果的。我种下的历史恶果，当然得由我自食其果了。我说过："重刑连其罪。"（《商君书·垦令》）"五人来簿为伍，一人羽而轻其四人。"（《商君书·境内》）这是在我的著作中对连坐法的最直接记述。五人为"伍"，登记在册，其中只要一人犯罪，那么其余四人就要连坐。司马迁在《史记·商君列传》写得更明确："令民为什伍，而相收司连坐。"就是五家为伍，十家为什，设立专门机构处理连坐问题。《韩非子·和氏》中说到过："商君教秦孝公以连什伍，设告，坐之过。"这就明确说连坐和告奸都是我的发明了。这是我变法过程中不光彩的一页，我愿意接受历史的批判。

司马迁雕像

刘安雕像

刘安，西汉皇族，淮南王。汉高祖刘邦之孙，著有《淮南子》。企图起兵反叛汉王朝而失败，后被逼迫自杀。他认为秦亡是因为商鞅之法，在《淮南子·泰族》篇中称商鞅"为秦立相坐之法，而百姓怨矣！"结论是："商鞅之法亡秦。"

第三章

农战为本

　　说起来实在有趣得很。豪气十足地放言"天下将定于一"的孟子，却毕生没有寻觅到"定于一"的正确途径。与孟子同时的商子，没有完整地说过这样的豪言，但却默默在为秦国的"定于一"谋略布局，为日后中华大地的首次大一统奠下了坚实的基石。应该承认，《商君书》中"农战为本"的思想，是秦国得以实现统一伟业的法宝。"国之所以兴者，农战也。"（《商君书·农战》）农以富民，战以强国，民富国强，则必能无敌于天下。商鞅变法二十年，留给历史的最丰盛的遗产，无过于"农战"两字。

现存《商君书》凡二十四篇章，书中的第一篇章名为《更法》，那是变法前一场大辩论的实录，在辩论中您提出了变法的主旨在于"爱民"。全书的最后一个篇章名为《定分》，是一篇小结性的文稿，您把一切归结为"备民"两字。"备民"云云，就是要让民众懂得有备无患，就是要保护民众的根本利益。不知您在"爱民"和"备民"方面，有何高招可言？

商鞅：我既然提出了"爱民"和"备民"，那我也必然会考虑相应的措施。这个措施具有根本性质，我把它浓缩为两个字：农战。在蒋礼鸿著的《商君书锥指》里也反复阐述了这一思想。"国待农战而安，主待农战而尊。"农业解决"衣食住用"这样一些民生问题，是"安"的内部条件；战备解决国防力量问题，进可拓疆并土，退可防止外患，是"安"的外部环境。农、战两者之中，农又据于首位，"圣人知治国之要，故令民归心于农。"一个国家"入使民属于农，出使民壹于战"（《商君书·农战》），还会有什么难题不能解决呢？

蒋礼鸿像

蒋礼鸿，学者，精通文字、训诂、音韵、目录、校勘之学，擅长俗语词研究、古书校释和辞书编纂，著有《商君书锥指》一书，此书不泥古人或时贤之说，在校勘中多发己之新见，认为商鞅的"农战"就是"备民"，其中不乏对商鞅研究的真知灼见。被收入《新编诸子集成》。

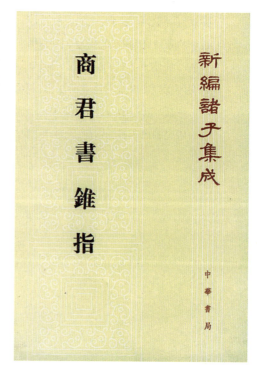

《商君书锥指》书影
（中华书局出版）

《商君书》书影
（中华书局出版）

《诸子集成》书影
　　麦盂华，学者，他认为商鞅的重农是从"治国安民"层面上来考虑的。著《商君评传》收入《诸子集成》第五册（国学整理社编，1935年世界书局排印本）

　　据我们所知，世界上农业起源的中心地区主要有三个，即西南亚、中南美洲和东亚。农业的东亚起源中心主要指的是中国。正因为如此，中国国情的一大特点就是重农。请问：您的重农，与中国传统意义上的重农，有些什么异同？

　　商鞅：这倒是个很重要的问题。我的重农与传统重农的相同之处，当然是很明显的，那就是把农业放在治国安民的最重要、最根本的位置上。以农为本，不只是我说的，中华大地的有识之士都这样认为。但是，同样是重农，一般人的重心是放在动物的驯化、植物的栽培，物种的优化和引进，土壤利用保养，还有耕耘工具的改进，农田水利水平的提高上。再还有选种、防治病虫害、中耕、除草、间作、套种等。总之，传统意义上的重农都是偏于技术性的，包括战国时期的农家都如此。而我的重农，基本上没有涉及农田的技术性领域，而是把它看成是变法的一个极为重要的组成部分，所涉及的也多是政策性的，农村人口的安置、农民的地位、农业生产时间的充分保障。单是这样说还不够，我又把这些政策性的东西法令化，使之切实可行，行之有效。这是我与一般重农者最大的区别。总之，我所关注的是比较宏观的东西，农业技术性的东西我也讲一点，但没有展开。

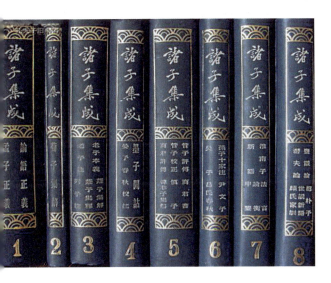

学者胡寄窗在《中国思想经济史》一书中明确指出:"韩非子说过:'仓廪之所以实者,耕农之本务也。'自韩非子始,方以农为本,以工商为末,形成了农本工商末的简明口号。"他这样说,您以为确切吗?

商鞅:我看并不确切。中国自周以来就是一个以农立国的国家,以农为本早就植根在炎黄子孙的心中了,只是作为一种理论较晚提出罢了,当然这样的理论的提出,也肯定在韩非之前。在《国语·周语上》中就有这样的话:"夫民之大事在农。"这不是十分明确的农本思想是什么呢?春秋时期的大思想家墨子说:"以时生财,固本而用财,则财足。"(《墨子·七患》)说发展农业,就是"固本",不就是明确的农本思想吗?战国初年的李悝,提出"尽地力之教",其中也蕴含着农本的思想。至于说到我商鞅本人,以农为本的观念就更明晰也更精到了。这些人都在韩非之前。因此,说重农理论始于韩非,那是不确切的。可能我对农业的重视程度比韩非更强些,也更富于理论的色彩。我敢负责任地说,完整的重农思想应该是由我商鞅明确提出来的。

胡寄窗像

胡寄窗,学者、教授,曾任中国经济思想史学会会长,外国经济学说研究会名誉理事,著有《中国经济思想史》《中国古代经济思想的光辉成就》《中国近代经济思想大纲》《当代西方基本经济理论》等。

《中国经济思想史》书影(上海人民出版社出版)

胡寄窗在《中国经济思想史》中说:"商鞅对商业的基本态度是减低商业对农业的压迫,而不是绝对地抑制或轻视商业,这是要特别指出的。"

《商子》书影

上面您说到了您自己，认为您的以农为本的思想更明晰也更精到，这是我们很感兴趣的，可以略说一二吗？尤其是您在说到"农本"时，似乎是从多视角去加以考虑的，可以告诉我们一些这方面的信息吗？

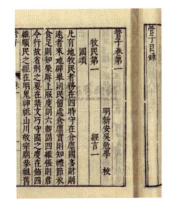

吴勉学校刊《管子》书影

吴勉学，为明代隆庆、万历间安徽歙县人。世代业商，官光禄署丞。后弃官专事刻书，博学好古，亦有著述，尤以刻书著称于世。所刻之书内容广泛，经、史、子、集、丛书、类书并重，特别在校刻医学典籍上贡献最大。刻印过经史子集一百多种，为晚明著名的出版家。他认为商鞅"以农为本"，且以"战"结合，有吴氏刻本《商君书》收入万历年间出版的《二十子》中。

商鞅： 可以的。我明确在国家的各行各业中，从事耕织为"本业"，干手工业和商业的为"事末业"，国家对两者的政策是有区别的。"僇力本业，耕织致粟帛多者复其身。事末利及怠而贫者，举以为收孥。""僇力"，就是尽力。看你是不是尽力，不是凭你口头上怎么说，而是看你交出的粟帛数量是少还是多。我把农业定为"本业"，出于全面的考虑，也就是说它是多重意义上的"本"：一、"农"是解决基本民生之"本"。民以食为天，国家的粮食要靠农民种出来。二、"农"是改善国民素质之"本"。民众务农则"朴"，"朴则安居而恶出"，"朴则畏令"（《商君书·算地》）。这样自然有利于稳定社会秩序。三、"农"是保障对外战争胜利之"本"。我说过"农战为本"，如果这样的话，那么农事是本中之本了。当时，我实行的是兵民一体制，国民素质提高了，也就是军人素质提高了。"事本抟，则民喜农而乐战。"（《商君书·壹言》）。我是把"农"和"战"紧紧地连在一起考虑的。由上面三条，可以看出，我的"农本"思想应当说的确是既明晰又精到的。

您这样一说，使我们清楚地懂得了，真正完整地提出"农本"思想的不是别人而是您商君，不少学者都以为，后来的荀子、韩非，以至于战国末年的农家，都是受您的思想影响的，您看是不是这样呢？

《荀子·天论》书影

商鞅：可以这样说。韩非的重农固本、强兵备战的思想，实际上就是我"农战为本"思想的翻版。韩非说"富国以农，距敌恃卒"，要全力发展和稳定农业，提高农民的收入和地位，这样"无事则国富，有事则兵强"（《韩非子·五蠹》）。至于韩非说的必须褒扬"耕战有益之民"，贬斥"奸伪无益之民"，也与我的思想一脉相承。

作为韩非之师的荀子，他的"强本节用"思想中也明显有着我的理论印记。他说，"强本而节用，则天不能贫"，"本荒而用侈，则天不能使之富。"（《荀子·天论》）他强调说："臣下职，莫游食，务本节用财无极。"（《荀子·成相》）荀子晚年到过秦国，盛赞过秦国的国富民强，受我农本思想的影响那是势所必然的。

战国晚期的农家，和我商鞅一样反对"民舍本而事末"。那位"为神农之言"的许行，是位积极推行"农本"思想的大学问家，可惜他的作品已经散佚，余篇留存在《吕氏春秋》的《上农》等文稿中。许行说："古先圣王之所以导其民者，先务于农。民农非徒为地利也，贵其志也。民农则朴，朴则易用，易则边境安，主位尊。民农则重，重则少私议，少私议则公法立，力专一。"（《吕氏春秋·上农》）不只他表述的思想是我的，连语气语调也是我的。农本思想被各家思想家普遍接受，这是我的光荣。

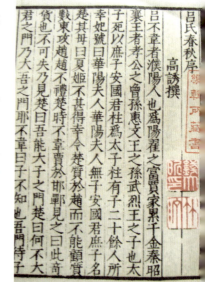

《吕氏春秋》书影

吕不韦虽说是个大杂家，可骨子里还是法家气派，在《吕氏春秋》一书中，在《贵信》篇，强调"信而又信，谁人不亲"。学者以为，从李悝到商鞅，到吕不韦，可以看到法家人物重"信"的一条主线。同时亦推崇"农本"思想。

农本思想既然是那样的了得，它对后世的影响又是那样的深远，重要的看来是怎样保障农战政策的得以实施了。为此，您明确提出了"作壹"说。所谓"作壹"，要求人们专一于农战。我们想问的是：在当时"皆不以农战，而以巧言虚道"求功名利禄之风盛行的条件下，如何使您的"作壹"思想得以实施呢？

刘禹锡像

刘禹锡，唐朝文学家，哲学家，自称是汉中山靖王后裔，曾任监察御史，是王叔文政治改革集团的一员。他推崇商鞅"农本"思想，并大赞说："商鞅徙木之行必信，此政之始已也。"

管仲纪念馆

管子其人，尊王攘夷，礼法并重，他的名言是"仓廪实而知礼义，衣食足而知荣辱"，他是法家的前驱。商鞅从管子那里吸取了"仓廪实"和"衣食足"的农本思想，作为法治的前提条件。商、管并提理清了法家的脉络和源流。

商鞅：我一直认为，要实施农战为本，得有一个观念上的大转变。人都是有上进心的，都想摆脱贫困，发财致富；都想摆脱低贱，升官封爵。但是，如何才能达到这种目的呢？有的人想靠"巧言虚道"，有的人想游食，我的"作壹"说，就很明确地告诉所有的民众，别的路都走不通的，唯一可走的就是"作壹"之路。你在农业上和作战中有了成绩，就会有奖赏，不然，什么都休想得到。我写道："凡人主之所以劝民者，官爵也；国之所以兴者，农战也。今民求官爵，皆不以农战，而以巧言虚道，此谓劳民（害民）。劳民者其国必无力，无力者其国必削。善为国家者，其教民也，皆作壹而得官爵。"（《商君书·农战》）这是个最根本的观念问题。把别的路都堵死了，那些妄图"以巧言虚道"求晋升的人，也不得不回头是岸了。只有坚决实施"作壹"，才会有真正意义上的农本。

您在初见孝公时，"说以王道而未入也"，就是说，孝公对王道那一套根本听不进去。可是，我们在读《商君书·农战》篇的时候，注意到您又多次地说到了"王道"，这是不是说明您从来没有放弃霸王道相杂的思想？您用了一种特别巧妙的手法，把"王道"的观念偷偷地塞入"作壹"（发展农业）中去，是不是这样？

商鞅：是的，我是从来没有放弃霸王道相杂的思想。当年，孝公只愿听霸道和强国之道，我就顺着他的思路走，不反驳他，否则我与孝公的合作就会破裂，变法大业也会因此而成泡影。我只能顺着他。可是，我清楚地知道，单靠霸道成不了气候，也不能真正解决国家富与强的问题。但这个道理只能慢慢讲，寻找适当的场合讲。《商君书·农战》篇的写作给了我一个舞台，向广大民众，当然也是向孝公宣讲王道的舞台。我说："常官则国治，壹务则国富。国富而治，王之道也。故曰：王道作（非）外，身作壹而已。"这段话，学者们一直不太注意。其实它十分的重要，它的要旨就在于，告诉孝公，王道并不神秘，就在"作壹"之中。坚持农本，就是坚持王道啊！"百人农，一人居者王；十人农，一人居者强；半农半居者，危。故治国者欲民之农也。"这样解释王道，应该说既浅显，又贴切的。

《隋书》书影

《隋书》录有《商子》，曰五卷。

《旧唐书》书影

《旧唐书》录有《商子》，曰五卷。

《守山阁丛书》书影

钱熙祚，清代学者，生而敏慧耐深思，长益厉学，探古籍，艰辞奥旨，靡间洪纤，洞若观火。梓成《守山阁丛书》一百十种，六百五十二卷。他认为商鞅变法主农本，即为王道，撰有钱氏《商君书校》。

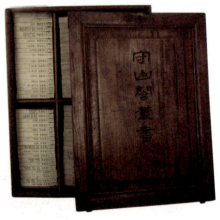

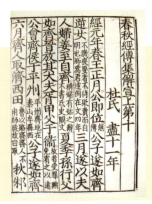

《春秋经传集解》书影

上面说的是大政方针，是总的思路，对民众来说是"壹教"，是告诉民众你只能走这条路，其他的路都是走不通的。要实施农本，单是大政方针的教育还是不够的，还要有具体的措施。措施中的一个重头戏就是户籍制度的确立，这一举措在中国社会发展史上的地位如何？它与农本的关系又如何呢？

商鞅："户"这个概念大约早就有了的，而"籍"大约要晚一点。在《春秋经传集解》有解。《周礼·天官·宫伯》有"掌王宫之士庶子凡在版者"的说法，"在版者"，指的就是登记在册者。东周以降，社会一直乱糟糟的，人口的流动也很大，哪个君主管得了户籍？户籍制度的建立大约在战国时期，而开其风气之先的当是秦献公。严格地说，在秦献公十年（公元前375年）即宣布实行"户籍相伍"，这是中国户籍制度真正确立的标志，具有承前启后的伟大划时代意义。但是，献公所面对事务繁多，对外军事斗争是最大的要务，因此总的来说，他只是提出了这一课题，真正的实施落到了我商鞅的头上。我"令民为什伍，而相收司连坐"（《史记·商君列传》）。我把户籍制度的落实与连坐结合在一起，可见推行的难度有多大。当然，这样一来，成果是有的。《管子·禁藏》中"户籍田结"（户籍田册）的记载，以及该文记述的"夫善牧民者，非以城郭也，辅之以什，司之以伍。伍无非其人，人无非其里，里无非其家。故奔亡者无所匿，迁徙者无所容"的场景，史家认为管仲时期不可能有这样严密的户籍制度，文中反映的只能是我商鞅实施户籍制度取得巨大成功的真实写照。后来，《汉书·地理志》保存的最早的全国户籍记录，就是在我商鞅奠基的秦户籍制度的基础上发展起来的。

献公所开创、并由我商鞅付诸实施的户籍制度，它的本质是居民定居制度。这种制度在中国历史上曾经发挥了重要的作用，尤其是有利于农本政策的实施。我在提出"使民无得擅徙"（《商君书·垦令》）时，明确说这一措施目的是为了治"乱"，为了"农静"，为农民安安静静地生产创造条件。

《汉书》书影

七一问商子

建立户籍制度，使广大农民安心于农事，这在当时来说，肯定是必要的。我们想知道的是，当时，围绕户籍制度，您在变法中采取了哪些具体而有效的措施呢？

商鞅：措施是落实政策的重要条件，在当时条件下，我在户籍制度建设上的措施总体上来说还是比较具体的。第一，建立人口登记制度。"举民众口数，生者著，死者削。"（《商君书·去强》）这里说的人口登记，不只是计算有多少口数，还要分出壮男几口，壮女几口，有无老人，有无病弱者，这些人都干些什么行当，有无当官的，有无士人，有无脱离农业生产从事"以言说取食者"。第二，建立财产登记制度。家中有多少财物，有几头牛？有几匹马？牲畜饲料是否足够？第三，建立人口管理制度，也就是所谓的"户籍相伍"（《史记·秦始皇本纪》）。据出土的云梦秦简告诉人们，编入什伍组织的正式住户称为"伍人"，一伍中某户中其他户称为"四邻"。伍的负责人称"伍老"，是户籍制度的最基层负责人。伍什之上是里，里的负责人称"里典"，相当于后来的保甲长。第四，建立流动人口管理制度。我是说"使民无得擅徙"，有正当理由，还是可以迁徙的。迁徙一定要有相关部门出具的"验"（即证明书），"无验者"当然是不能随便走动的。在"伍无非其人"（即"伍"里不准杂住非编入户的人）的严格情况下，又取消了旅馆，那一定会有供行商者和迁徙者住的专门地方。

孙诒让像

孙诒让，近代著名的一代经师，被誉为"有清三百年朴学之殿"，认为商鞅变法户籍制度为安定社会之措，著有对《商君书》等原文注本的《札迻》。

《札迻》书影

《春秋经传集解》（元初刻本，右为明刻本）书影

《春秋经传集解》是第一次为《春秋》系统注释的解经之作，作者为杜预，对商鞅等先秦诸子的言与行多有论述。

"户籍相伍"制度只解决人口的稳定问题，但不能解决人口的增长问题。在农业社会，农业人口的增长是农业生产力发展的最重要条件，在这方面您有些什么切实可行的措施呢？

归有光像

归有光，明代官员、散文家。崇尚内容翔实、文字朴实的唐宋古文，与唐顺之、王慎中并称为嘉靖三大家。当时被称为"今之欧阳修"，后人称赞其散文为"明文第一"，著有《震川集》等，认为商鞅变法"益于农本"，所校《商君书》，收入天启年间出版的《诸子汇函》中。

商鞅：在前后两次变法中，都提到了刺激人口增长问题，可见我对这个问题的重视。第一次我规定："民有二男以上不分异者，倍其赋。""二男"当然指的是成年男子。在中国历史上，成年的标准从十六岁到二十一岁不等，秦国地广人稀，成年的年岁要定得低些，那是肯定的。要求成年男子分异，就是要求他们早日分户成家，这样代与代的间距缩短，人口就增加了。第二次变法时我又规定："令民父子兄弟同室内息者为禁。"（《史记·商君列传》）这是比第一次变法时进一步了，不只兄弟要分户，父子也得及时分户，这当然也完全是为了促进人口的生产，为农业的发展提供更多的劳动力。

《诸子汇函》书影

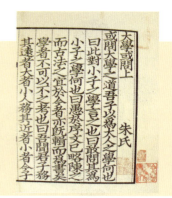

解决农业劳动问题，很重要的是要增加人口总量，鼓励生育。这一点，朱熹在《大学或问》有述。但是，当时的现实是，有不少的壮男劳动力，以种种名义寄生在一些豪门大宅之中，对这些豪门简单地靠强行剥夺看来是不行的，从变法的角度看该如何处置？

《大学或问》书影

商鞅：这的确是一个相当难以处置的问题。后来我想，办法还是有的，就是用制定相关法令的办法去解决。《春秋经传集解》有加重税收的记载。对那些豪门，加重税收，这叫"禄厚而税重"。这些人家中养着众多的"食口"，我就用征重税的办法迫使你停止使用这些"食口"。"食口众者，败农者也。则以其食口之数，贱而重使之，则辟淫游食之民无所于食。"（《商君书·垦令》）这对禄厚的豪门来说，是一种巨大的经济压力，当这种经济压力不堪重负时，就会不得不辞退这些"食口"，让这些人去参加农业生产，过自食其力的生活。社会上还浮游着为数不少的靠打短工度日的人，这些人只要打上几个月的短工，一年就衣食无忧了，因此他们不愿参与艰苦的农业劳动。对此，我也用法令的形式切断这些人的财路。"不得取庸。"（《商君书·垦令》）就是有钱的人们不得雇用短工。这样一来，那些靠帮雇为生的人也只得老老实实去务农了。

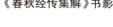

《春秋经传集解》书影

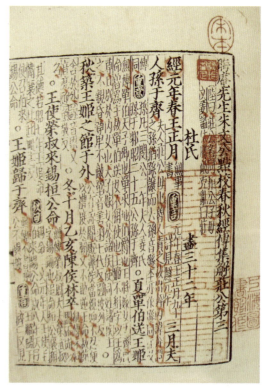

帮雇和寄食者通过经济和行政手段迫使他们从事农业生产以后，余下就是为数相当可观的游食者了。这些人东游西荡，如果不处置好这些人，会造成社会不安定，加以处置和制约，又可使之转化为社会劳动力。对游食之民，您的具体处置办法又是怎样的呢？

《诸葛武侯集》书影

《诸葛武侯集》中始有《商君书》之名，又称《商子》。

商鞅：这看来要区别对待。对那些安分守己的游食者，主要是采取规劝与安置相结合的办法。而对那些奸诈虚伪、轻举妄动、私下勾结、危言耸听的人，一是要严加控制，不准他们随便远行。二是一旦发现有什么劣行，要及时地加以处置。"声服无通于百县"（《商君书·垦令》）。把那些从事声、色、犬、马之乐的人限制在最小的活动范围内，不让他们到处乱跑，据载，三国蜀汉先主刘备也下诏要太子读《商君书》，为的是抵御腐败社会风气的侵袭，推动"作壹""农战"国策的施行。

刘备像

刘备，蜀汉昭烈帝，字玄德，汉中山靖王刘胜的后代，三国时期蜀汉开国皇帝，政治家。史家多称他为先主。刘备临死前，对太子刘禅十分不放心，立下了这样的遗诏："太子可读《汉书》《礼记》，闲时可历观诸子及《六韬》《商君书》，益人意智。"

您把那些游手好闲的人的财路都断了，可是有些闲散惯了的人，还是不想去务农，他们跑到无人管理的深山老林、大河巨泊中去，过打鱼、砍柴这样一种悠闲的生活，那您总该管不着他们了吧？

商鞅：深山老林、大河巨泊，这可是个大去处。我计算过了，就秦国而论，大约"山林居什一，薮泽居什一，溪谷流水居什一。"(《商君书·算地》)山林啊，大泽啊，河流啊，加起来大约占了整个秦地可利用资源的十分之三，可能还不止呢！这么重要的资源怎么可以弃而不用呢？怎么可以让那些不愿务农的"惰民"去无端占有呢？于是，我制定了一条极为重要的法规："壹山泽。"(《商君书·垦令》)即山泽收归国有，由国家统一管理，不准"惰民"随意占有。农业不只是种粮食，也要开发山林，也要打鱼捕虾。这样一来，农业成为农、林、牧、副、渔综合发展的大农业了。

冯梦祯像

冯梦祯，明学者、收藏家。万历五年(1577年)进士，官编修、迁国子祭酒，因伤于流言蜚语辞官而归。著有《快雪堂集》六十四卷。赞商鞅"壹山泽"之策，著有《商君书校》及《历代贡举志》等。

陆贽像

陆贽，唐德宗时为翰林学士，有"内相"之称，针对德宗"国家兴衰皆由天命"思想，敢于直谏，否定了天能主宰的命运之说，得出了"天命在人"的结论，反复强调人心向背的作用。为此，他提出了"重生""养人"之说，指出："建官立国，所以养人也；赋人取财，所以资国也，故立国而不先养人，国固不立矣。"画像藏台北"故宫博物院"。

《孟子·梁惠王上》书影

《汉书·地理志》书影

农民是立足于大地的,他的生存资本是土地,没有土地制度的彻底变革,农民处境的改善说到底还是一句空话。孟子仁政思想是以农民土地恒产为前提的,所以《孟子·梁惠王上》有"欲辟土地"的记载。在商鞅变法过程中,土地制度的变革带有根本的性质。请问:实施土地制度变革方面您有哪些切实有效的举措?

商鞅: 首先,着力于废除原先的阻碍农民生产积极性的井田制。明确宣布:"开阡陌封疆。"把原先标志国有土地疆界的"阡陌"和"封疆"全数铲除。事实上,西周时期曾经实行的井田制,经过数百年的动乱,早已名存实亡了。因此重点还在于根据人口数量进行土地的分配。这是一项鼓舞人心的举措,实施的时候,一定是万众欢呼,群情激动的。自古以来,就是"普天之下,莫非王土",现在农民有了自己的土地,其心情是可想而知的。接着,我又鼓励推行"辕田制"。辕田制又称爰田制,"三年爰土易居,古制也"(《汉书·地理志》颜师古注引孟康语),古制的所谓"辕田制"就是在国有土地上实行的轮作制。现在我实行的"辕田",是在承认土地私有的前提下,让你在自己的土地上轮作,以提高单位面积产量。这是一种进步的土地占有方式,也是一种科学的耕作方式。

事实上，"开阡陌封疆"所处置的土地是不太多的，尤其是在地处西陲的秦国，大部分土地在"封疆"之外。这样，人们除了从国家那里分到一些土地之外，面对的还有大量的荒地。在《商君书·垦令》中，您多处讲到"农不救而有余日"，或干脆叫做"农有余日"。您那样的关注农民有耕田花费的时间之外的空余的时日，是不是与大力倡导垦荒有关？

秦始皇帝陵

商鞅：你们是说对了。国家不是说经过变法，已经按人口分给了土地吗？但是，要大力发展农业，那样做显然还不够，还得激发已经配置有部分耕地的农民垦荒的积极性。可是，如果国家官员的管理不善，公务处理不及时，或者有些官员一味地谋求私利而拖拖拉拉导致农民摊派更多劳役，那样，农民都不会"有余日"了。农民没有余日，就不可能去开垦荒地，农业也不可能有大的发展。"农有余日"是对管理农业的官员讲的，也是对农民讲的。让农民利用闲暇时间积极主动地去垦荒，这是我商鞅变法的一项长期不变的大政策。

秦始皇兵马俑（秦始皇兵马俑博物馆供稿）

秦俑头像

您说过："开阡陌封疆，而赋税平。"（《史记·商君列传》）废除原先的井田制，怎么会与"赋税平"联系得上呢？难道非得废除了井田制，在赋税问题上才有公平可言吗？请加以解释。

商鞅：为了鼓励农民的生产积极性，我反复说到"赋税平"的问题。公平是调动人的劳动积极性的重要手段。就说"赋税平"与"开阡陌封疆"之间的关系吧。原先表面上看来土地都是国有的，"平"得很，实际并不这样。那些世袭的贵族、官僚，占有了大量的国有土地，而实际上并不上交什么赋税，真正交赋税的是那些整年整月在土地上劳作的农民和奴隶，在这种情况下，何"平"之有？现在，阡陌和封疆废除了，那些旧贵族的特权被剥夺了，农民分得了土地，再根据土地交纳一定的赋税，岂不是"平"多了吗？这是一层意思。更重要的是，根据向国家上交粮食的多寡来定赋税，这是有利于专一于农事者的，这不是更"平"了吗？我的第一个法令中明确规定："訾粟而税，则上壹而民平。"（《商君书·垦令》）"訾"，就是计量，按照你上交的粟的多少来定赋的轻重，这样就能真正体现公平原则，而且能"上壹"，就是能鼓励人们从事农业的积极性。这种贡献粮食越多，上交赋税越少，乃至于可以免除劳役的做法是实施了的，而且收到了很好的效果。

秦代谷仓（陶瓷）

大约在第二次变法开始以后，也就是史书上说的变法"行之十年"以后，您又推出了一项新的赋税制度，名之为"初为赋"。据我们所知，早在西周实行井田制时，就有"什一使自赋"的说法，可见"赋"这个名目由来已久，现在又怎么说是"初为赋"呢？它也能体现"赋税平"的原则吗？

商鞅：这倒是很值得一议的问题。前面说的"訾粟而税"，体现的是地租地税上的一律平等。人们从国家那里拿到了同样多的土地，理应上交同样多的粮食。粮食交多的奖励，可以少交税，粮食交少了的，应多交税。这是平等。现在，我推行的"初为赋"，实际上是一种口赋，也体现了一种平等原则。你提供的劳动力多，贡献大，每个劳动力所收的口赋就少。你提供的劳动力少，成年了又不肯结婚，不肯分家，就收你多一点、甚至是双倍的口赋。这样的变动的口赋制度，在中国历史上是第一次，言其为"初为赋"并不过分。根据实际情况实行浮动的口赋，这是一种创造。

苏洵像

　　苏洵，北宋文学家，与其子苏轼、苏辙合称"三苏"，均被列入"唐宋八大家"。苏洵长于散文，尤擅政论，他认为，商鞅变法在于"赋税平"，当君王必以"商君"之学，靠赏刑相加，才能使所有的臣子都进言劝谏。有《嘉祐集》传世。画像藏台北故宫博物院。

《读诸子札记》书影
（中华书局出版）

　　陶鸿庆，近代学者，认为商鞅的"初为赋"是一种平等之策，著有《读商君书札记》，见于《读诸子札记》。

贾谊《治安策》书影

　　贾谊在《新书》卷三《时变》中说："商君违礼义,弃伦理。"有学者认为贾谊将商鞅视作抑商的重农主义者。

　　说先生是重农主义者,这一点,学术界没有什么分歧。但是,由此不少学者认为,您为了重农,就必然会采取抑商的政策,一些学者并说您是"重农抑商的创造发明者",这样界定您的政治学术身份,您能认同吗?

　　商鞅: 请认真读一读我的《商君书》一书,在书中我从来没说过"重农抑商"那样的话,实际上也没有干过"抑商"的事。只有在《慎法》等篇所强调的是严格遵守法令。孔子说过:"必也正名乎!"我在这里也可以给"抑商"云云作一点正名。所谓"抑商",就是要压制商人,打击商人,我在何处说要压制和打击商人? 人们在我的《商君书》中是找不到的。我倒是说过:"农、商、官三者,国之常食官也。农辟地,商致物,官法民。"(《商君书·弱民》)这段话翻译成白话就是:农民、商人、官员,是一个国家的正常社会成员。农民要做的是耕种土地,商人要做的是为人们供应(致人)货物,官员主要是帮助老百姓学法知法。这段话,把我对商人的定位说得再清楚不过了。在我的眼中,商业是合法的职业,商人是堂堂正正的社会工作人员,为何要加以打压呢?

《商君书·慎法》书影

　　此篇阐述严格遵守法令。

您上面引用的"农辟地，商致物，官法民"那段话是出自《商君书·弱民》篇的，我们都知道，所谓弱民，就是要削弱某些民众的势力，而不是削弱所有的民众，以保证国家的强势。有人以为，您既然主张"农本商末"，那么毫无疑问商人也被列在弱民的范围之内了，是不是这样？

商鞅： 看来你们还是没有读懂"弱民"的要旨。所谓"弱民"，不是要削弱某一行业的民众，而是要削弱那些不利于民生的强暴之民。我既承认农、商、官是"国之常食官"，哪还有削弱其中某一行业的道理？我只是要削弱民众中抗拒变法法令执行的那些势力。这些势力，商人中会有，农民中会有，官吏中也会有。我说得很清楚："农有余食，则薄燕于岁。商有淫利，有美好，伤器。官设而不用，志行为卒。"什么意思呢？农民中有人过上好日子后，就终年安逸享乐。商人中有些人获取暴利，于是就去专事贩运华丽、玩好的物品，损害日用品供应。官员中有人当官不办事，意志消沉，行为消极。这些人就是"弱民"的对象。如果让这些人"强"了，成了一种气候，国家就要完蛋，民众就要遭殃。"弱民"绝不是冲着商人来的。

王充像

王充，拜班彪为师。《论衡》是其代表作品，也是中国历史上一部不朽的无神论著作。他认为商鞅行"农本商末"之策，赞其为帝业立下大功。在《论衡·书解》中说："商鞅相孝公，为秦开帝业。"

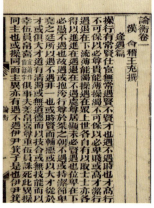

《论衡》书影

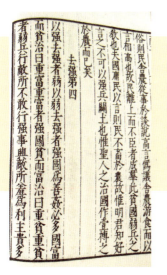

《商君书·去强》书影

"去强"之"强",指的是百姓不听政令者。本篇讨论如何消除百姓不听从政令的弊端。作者认为去强需要以刑罚之法,使民众专心农战,少事商贾也是去强的办法。

《晋书》(宋刻本,现存上海图书馆)书影

您曾口口声声说自己干的一切是在继承和发展秦献公的变革传统,没有抑商之意,但是,我们看秦献公时对商人的态度,和您对商人的态度,总感到不太一样。秦献公是积极扶持,而您是限制的时候多,是不是这样?

商鞅: 我与秦献公可以说有同又有异。秦献公是秦孝公的父亲,可以说,秦国的一切改革都是在他的基础上发展起来的。我十分的敬重他。我的入秦,一个原因是因为我从献公变革中看到了秦国的希望。我与献公之间有着太多的一样。他"为户籍相伍",我也是;他把国都迁往东方的栎阳,我亦步亦趋,继续将国都东迁到咸阳;他推广县制,我把县制推行到了全国;他把军事斗争的重点放在魏国,我也一再击魏、弱魏。有那么多一样,难道我会独独在商业政策与献公背道而驰吗?不会。秦国偏于西部,长期来商业经济相对落后,献公实行商业的宽松政策,并于献公七年"初行为市"(《史记·秦本纪》),使商业经济在秦国蓬蓬勃勃地发展了起来。把商业看成是国家繁荣昌盛的重要标志,这一点我与献公完全一样。但是,也许是没有经验的缘故吧,一时间大家感到商业能发家致富,都去干商业了,出现了"农少商多"(《商君书·去强》)的不正常现象。献公当时看到了秦国的弱点在于商业经济太不发达,要放开,于是有了"初行为市"这是对的;经过几十年发展,商业经济的发展有点过"热"了,我采取适度的限制(请注意:不是抑商!)政策,保证以农为本,这有什么不对的呢?形势不同,所取的政策也要发生变化,那是当然之理。要说我同秦献公不太一样,就在于此。

您说您只是限商，而不是抑商，那么您倒说说，您在《垦令》中大讲"重关市之赋"是怎么回事。翻翻历史，发现《晋书》中也论及"重关市之赋"，那是一回事吗？这里的问题是，"限商"和"抑商"之间，究竟有些什么本质的差异？

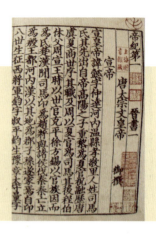

商鞅：当然有。赋税是调节各行各业收入的重要手段。我的基本的思路是，重农，不能让农民的收入与商人的收入过于悬殊。我最怕的是"舍农游食"（《商君书·农战》）现象的出现。为此，我要采取种种办法使商人有利可图，同时又不会轻易得利过厚。"重关市之赋"就是为此采取的重要手段。"僇力本业，耕织致粟帛多者，复其身"，好好干农业的，有了成绩既可减税，又可免役，而商人却要"重关市之赋"。一出一进，两者的差距不就缩小了？不要把"重关市之赋"看得有那么严重，"重"了以后，商人们照样可经商，照样可赢利。我欣赏汤勤福先生的说法："商鞅是取限制商人的办法，防止商人势力过分扩张。《垦令》中的'重关市之赋'一语可以看出，既然有关市的税，就是允许商人到处行商的，否则就不必有'关市之赋'了。"事实不正是这样吗？至于我说的"重关市之赋"与《晋书》中说的，怕是不太一样的，我的目的是适度的限商，而晋司马氏的目的是为了巧取豪夺，以满足他们奢华的生活。

《晋书》书影（宋刻本，现存上海图书馆）

《商君书·农战》书影

商鞅从正反两个方面论述了农战政策，并从九个方面论述了农战的重要性，提出要根据民众在农战中的功绩予以授官加爵，对那些不参加农战的儒生、说客、商人，却不予享受。

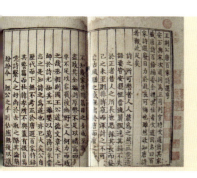

《王荆公唐百家诗选》书影
（宋刻本，现存上海图书馆）

《群书治要》

　　《群书治要》，唐初魏徵及虞世南、褚遂良等受命于唐太宗李世民，以辑录前人著述作谏书，为唐太宗"偃武修文""治国安邦"，创建"贞观之治"提供警示的匡政巨著。有涉商鞅"商不得籴"为"重农"之策。

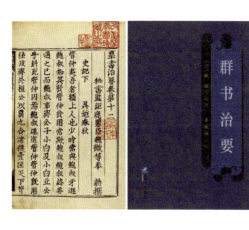

您在《商君书·垦令》中明确规定："使商无得籴，农无得粜。"就是说，农民不得把粮食卖给商人，商人不能以贩卖粮食来获取利益。由此引来不少后世思想家、政治家的非议，认为那样不仅不利于商业，也不利于农业，王安石站出来为您鸣不平，认为粮食不能作为商品流入市场的规定，对商业是一种限制，对农业则是一种保障。您谈谈看，是这样吗？

　　商鞅： 我认为粮食不得进入市场的规定政策的实施触及国家和民生的全局。民以食为天。粮食的生产和运转涉及国计民生的大局。因此，我实行粮食国家专卖政策。粮食的运转不是通过商业的环节，而是由国家直接调拨。粮熟了，由国家统一收购；然后再由国家统一分配和存放。"商不得籴，则多岁不加乐。多岁不加乐，则饥岁无裕利。"（《农战》）我考虑的还是全国民众在丰年和荒年的生计问题。魏惠王时代的大臣白圭，"人弃我取，人取我与"（《史记·货殖列传》）靠倒卖谷物发了大财，结果把魏国的经济搞乱了，我不允许这种情况在秦国出现。我说到了"强国之十三数"（《商君书·去强》），即强国的领导人心中要掌握的十三个最重要的数据，其中居于第一位的就是"境内仓"，就是国内的仓库的情况。我在粮食上限制商人，对整个商人阶层来说没多少损害，他们可以经营的行当还多着呢！而对整个国家来说是件大事。限商政策保障了重农国策的实现，甚至可以说也保障了秦国商业的正常发展。在这点上，唐初的魏徵深知吾心，他认为我实施"商不得籴"，有利于"治国安邦"。

您在《商君书》的文稿中,多次称商业是"末业",称商人是"逐末利",于是,有相当部分的学者以为您这就是对商业和商人取藐视的态度,有人还以为,"农本商末"和"重农抑商之间"并没有多少本质的差别,您能认同这样一些观点吗?

商鞅: 这显然是一种误读。有些人在"农本商末"与"重农抑商"之间喜欢画上等号。其实,那是两种完全不同的经济思想。"重农抑商"的"重农"是正确的,但"抑商"并不好。"抑商"是要排斥商,压制商,根本看不到商业和商人的重要性。而"农本商末"是对国家经济生活中这两个

《商君书·徕民》书影

徕民就是招来民众。当时秦国地广人稀,三晋人多地少,民众田地缺乏。因此商鞅建议秦孝公对外来移民采取优惠政策,将三晋民众招来秦国,以便开垦荒地,达到富国强兵的目的。

部门的定位。如果国家经济是一棵大树的活,那么农是树干,是"本";而商是枝叶,是"末"。一棵树没有"本"不行,没有"末"也不行。因此,我认为"农本商末"是对经济中农商关系的一个妙喻,是完全正确的。如果哪个国家中商人满天飞,游食之民遍天下,"末"比"本"还大,那还成何体统? 还不乱了大局? 我所追求的正是太史公所说那种境界:"各劝其业,乐其事","农末俱利,治国之道也"(《史记·货殖列传》)。所以,我在《徕民》篇力主将三晋农民招来秦国开垦荒地,以农为本,国富民强。后世有关"重农"记载不少,连"废井田,开阡陌"的场面也作了描绘,这些足以证明我当时"以农为本"所带来的成效。

废井田 开阡陌

《汉书·食货志》书影

说一百，道一千，最终还得让事实说话。您切实施行的"商鞅变法"，是促进了秦国商业的正常发展，还是使秦国的商业委顿不振，这还得让历史来说话。先生，您拿得出在您那个变法时期和您以后的秦国商业没有遭受破坏的证据吗？

商鞅：我可以说一点。《汉书·食货志》中说到，商鞅变法之后，"秦盐铁之利二十倍于古"。这该是指盐铁业发达，经营盐铁业的豪民交纳的税金之多吧！《史记·货殖列传》记述有："巴寡妇清，其先得丹穴，而擅其利数世，家亦不訾。清，寡妇也，能守其业，用财自卫，不见侵犯。秦皇帝以为贞妇而客之，为筑女怀清台。"这位被秦始皇看重的巴寡妇清，经过"其利数世"的商业经营，成为"礼抗万乘，名显天下"的大富人。而从秦始皇往上推的"数世"，不正是我商鞅变法的前后吗？由此可见，我商鞅变法，不只没有摧残商业的发展，相反由于变法得当，商业更走上了兴旺发达之途。

《史记》书影

　　《史记·李斯列传》引李斯的《谏逐客书》中话说："商鞅使秦国移风易俗，民以殷盛，国以富强，百姓乐用，诸侯亲服。""移风易俗"指的是民风民俗的变化，社会风气的变化；"民以殷盛"指的是民众生活水平的提高，物质条件的改善；"国以富强"指的是国力的强盛，尤其是军事力量的提升；"百姓乐用"指的是民众的心态，尤其是指对新法适应力的提高；"诸侯亲服"指的是秦国地位提高，令诸侯国臣服。

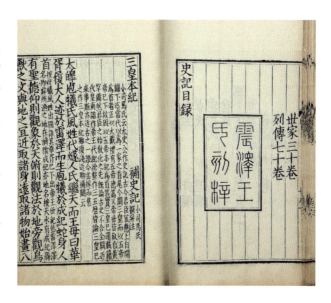

农商方面的问题，暂且议到这里吧！下面我们可以讨论一下"农战为本"的另一个重头问题："战"。我们首先想知道的是："农战为本"中的"战"字，只单是指战争呢，还是也包括战备、习武等要件在里面，还是别有所指？

秦始皇兵马俑

商鞅： 我可以明确告诉你们，我说的"农战为本"中的"战"，不全是指的是战争。对秦国这样一个国家，为了使"天下为一"，实现大统一，战争是必要的手段。但是，如果一味地只是讲战争，我岂不成了孟子批评的那种"率兽而食人"的好战分子？我说过："四战之国好举兴兵以距四邻者，国危。"（《商君书·兵守》）四面树敌的国家是危险的。我把"农战"之"战"，定位在兴国安邦上，所以，"战"，既讲攻战，又讲守备，更多的是讲一种国民的气质，不怕苦，不怕累，甘心情愿地献身于"公战"，有了这样的国民，不用当"四战之国"就可以威慑天下，使敌人闻风丧胆。"国之所以兴者，农战也。"（《商君书·农战》）只有把"战"的问题，放在"兴国"的大背景下进行考察，才会想得深，想得透。

《商君书·兵守》书影

兵守即军队防守，商鞅在这一篇中着重论述了防御的方法。

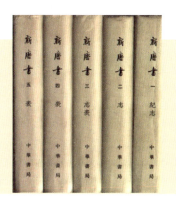

《新唐书》书影（中华书局出版）

《新唐书》录有《商子》，曰五卷。

《商君书·算地》书影

"算地"就是计算土地，商鞅在此篇论述了利用土地的方法，主张充分利用人口与土地以及土地与强国的关系。

您在解说"农战"的时候，一再说到，专于"农"则富，专于"战"则强。所谓农战足以兴国，大概就是从"富国"和"强国"两个方面来说的吧！在解说富国强国的时候，似乎两者是难以分解开来的，只是一个整体的两个方面。我们这样理解对不对？

商鞅： 说得对极了。我把农战看成"壹"，就表明它们实际上是一码事，是一件事的两个方面。有的人以为我说富强，说农战，是某些人在搞农业，搞致富，而另一些人在搞军事，搞强国。这种说法错了。看，我只说"农、商、官，国之常食官也"。没有提到兵，兵到哪里去了？寓于农、商、官之中。当时是亦农亦兵、亦商亦兵、亦官亦兵，当然主要是亦农亦兵。人人都是兵，平时生产，战时打仗，一身而二任焉。农、商、官这三种"国之常食官"，总的就叫"民"。"入使民属于农，出使民壹于战。"（《商君书·算地》）脱下军装是农民（也可能是官员、商人），穿上军装是士兵。把全体民众都武装起来了，让他们的劲往一个方向使，国岂有不强的！因此，我们可以说，我的农战思想，既是富国之道，又是强国之道。

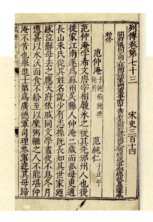

这种富国强国之道，您又常言之为"好国力"之道。在当时，在如何治国问题上，实际上存在着不同的观念，归结起来就是："任力"还是"任德"。有学者以为您的"好国力"的治国方略，是与"任德"治国方略相对立的，您认为这符合实际吗？

《宋史》书影

《宋史》录有《商子》，曰五卷。

商鞅：我认为，我的"好国力"说是对的。环视宇内，一个国家，一个民族，要自立于世，单凭仁德，没有相当的国力，是办不到的。当然，我所说的国力，是一种综合国力，既包括农业生产力的发展，国库中的富足，又包括军事力量的强大，还包括国民守法、崇武的素质。我相信，有了这样的国力，必无敌于天下。后世的汉光武帝就是这样有效地把"任力"和"任德"结合起来才出现盛世。

这种用国力说话的观念，既要植根于全体民众的心中，又要植根于"明君"的头脑中。"凡明君之治也，任其力，不任其德，是以不忧不劳，而功可立也。"（《商君书·错法》）这段文字，我是在《错法》篇中说的。"错"，借为"措"，错法即推行和实施法制的意思。我的主张是明确的：儒家推行的那套德治是靠不住的，"不任其德"，就是不能只讲道德。只有以法治国，通过实行法治，发展生产，强固国防，把国家的实力搞上去，民众才能"不忧不劳"。请不要误会，以为我这里反对讲德，我只是说，单靠德，是感动不了"敌国"的，决定战争胜负的最终还是国力。"弱国无外交"，这是千古不易的真理。

汉光武帝像

汉光武帝刘秀，后汉（东汉）王朝开国皇帝。使得自新莽末年以来纷争战乱长达二十余年的中国大地再次归于一统。在位三十三年，大兴儒学、推崇气节，尊奉商子"任力"之说，"常临朝听讼，躬决疑事"，使后汉一朝成为中国历史上"风化最美、儒学最盛"（司马光、梁启超语）的时代。

上面说了农战是强国之道,我们读了您的作品,感到您还有一个思想:农战也是强民之道。强国的根本在于强民。那些懦弱的国民,是难以支撑起一座强盛国家的大厦的,是不是这样?

俞樾像

　　俞樾,清末著名学者、文学家、经学家、古文字学家、书法家。治学以经学为主,旁及诸子学、史学、训诂学等,可谓博大精深。他认为商鞅的"农战"思想是强民之道。在《诸子平议》卷二十有《商君书》注本。

商鞅:强国与强民是一致的。我多次说到,重要的任务在于改变民众的习俗,易言之,也就是提高国民素质,以一种强民的态势出现在世人面前。与强国相匹配的素质至少有这么些方面要做到:第一,专一于农战。"意壹而气不淫。"(《商君书·垦令》)也就是说要一心一意于农战,满怀信心去实施。"归心于壹务。"(《商君书·壹言》)不要分散注意力,把全副精力都放在农战上。第二,培养乐战精神。"喜农而乐战。"(《商君书·壹言》)把服务于战事、参加战斗看作是自己应尽之职责。不管是务农还是参战,都要高高兴兴地去参与,做到又喜又乐,这是民众的一种心理素质要求。第三,培养勇于牺牲的精神。战争,总是要死人的,强民应该有不怕死的精神气质。"民勇。"(《商君书·说民》)"民死上。"(《商君书·去强》)这里的"上",可以解释为国君,也可以解释为国家。强民就要有为了至高无上的国家利益殊死一搏的勇气。总之,为了建设真正意义上的强国,必须强健民众的精神。

《诸子平议》书影

怎样才能培养国民的归心于壹、喜农乐战、勇于献身的精神气质呢？您清楚地知道，单是口头的说教是达不到目的的。那么，在您看来，为了强民，应采取怎样切实有效的办法呢？

商鞅：我同荀子他们一样都是力主"生而有欲"（《荀子·礼论》）的有欲论者。在我看来："民之性，饥而求食，劳而求佚，苦则索乐，辱则求荣，此百姓之情也。……名利之所奏，则民道之。"（《商君书·算地》）就是说，人的本性就是饿了就要吃，累了就要息，面对痛苦总想追求快乐，不愿蒙受耻辱而要追求荣誉。一句话，哪里有名利，百姓就会往那里去。这里有物质的需要，也有精神的需要。满足了民众的这些需要，什么事都办得成了。这段话就是我以"利"诱民的理论基础。

我坚信，欲强民，必利民。也就是告诉民众，只有农战，才是可以获取利益的真正途径。舍此，没有任何其他的途程可走。"民勇，则赏之以其所欲。民怯，而杀之以其所恶。"（《商君书·说民》）勇敢的民众可以得到一切所想得到的东西，怯弱的民众会失去一切。这样告诉民众，言而有信。那样，人们还会不尽心全力地投身于农战吗？

郑樵像

郑樵是宋代史学家、目录学家。郑樵的著述达八十余种，《通志》为代表作。他说，商子"农战为本"在于强民，在《通志·艺文略》认为《商君书》已失三篇。

《荀子·礼论》书影

按我们的理解,您所提倡的"农战为本",是与奖惩制度紧密结合在一起的。您说:"夫民力尽而爵随之,功立而赏随之。"(《商君书·错法》)读这段话,给人的感受是,您设立奖惩方面的种种法规,本意是在激发和引导民众树立"力尽"、"功立"的积极向上志趣,而不是历来评论家们理解的立法是为了残酷的惩处,为了束缚人们的手脚,为了防止人们揭竿而起。这里涉及"农战为本"这一政策的引导走向问题,也涉及对您个人的评价问题,您说是不是这样?

诸葛亮雕像

　　三国时的诸葛亮,尤崇尚"民力尽"的"农战为本"之策。他虽自比于管仲,实则处处取法商鞅。凡罚二十钱以上者,皆亲览焉,这纯粹是商君的做法。诸葛亮自己说"商鞅长于理法,可予师法"。

商鞅: 感谢你们说出了我久已想说但又难以说清的话。事实上,我早就说了,我的变法是有策略谋划的,在《画策》篇作了论述。我的立法、变法,是为了强国、富民,也就是我一再说的是为了"爱民"。既然是爱民,那我就必然要通过法这一手段促成人们的"力尽"和"功立"。这里说的"民力尽",主要指尽农力,生产搞得好的,粮食上交多的,可以免税、免役,就是一种"赏"。这里说的"功立",主要指的是立军功,斩敌首多的,既可赏官,又可赏爵,还可赏禄,当然还有田宅、金钱、家奴等方面的行赏。这些都是为了鼓励人们积极上进。至于惩办当然也是必要的,那是一种补充。可是,长期以来,学者们把它倒过来了,过度解读了我的严刑峻法,这与我的本意是很不符合的。

《商君书·画策》书影

　　"画策"即谋划策略。商鞅认为推动历史前进的途径是统一天下的兼并战争,否则民无宁日,国无宁日,天下无宁日。他指出要"制天下"一定要"先制其民",要治理国家、统率民众就要实行法治。

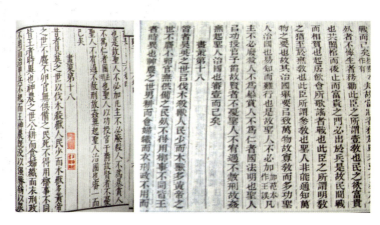

有学者以为，您那样强调以军功论赏，那样对从事农事的那些人来说是不是有点不公平，是不是会让人忽视"农"这个"本"。这显然是一种错误的理解，是对秦国时下的国情缺乏了解所致，是不是？

跪射俑

商鞅：说得对。在当时的秦国，实行的是出兵入农的制度，拿起枪，就是士兵，放下枪，就是农民。一身而二任，一直到秦王嬴政称帝都是如此。因此，强调军功不存在对谁不公平的问题。事实上人人都有机会立军功，人人都可能受封。可以读一读《商君书·兵守》篇，我在论及"守城之道"时说道："三军：壮男为一军，壮女为一军，男女之老弱者为一军。"这三军中的壮男是冲锋杀敌的主力，壮女是供应物资、城头巡视的主力，老弱是后勤保障的主力。他们都有机会立功。可以说，在功赏面前是人人平等的。"有军功者，各以率受上爵。"并按军功"明尊卑爵秩等级，各以差次名田宅，臣妾衣服以家次"（《史记·商君列传》）。意思是说，只要是立了军功的，不管是谁，都可以按照一定的标准在原有的基础上提升一级爵位，并得到相应的地位、田宅、家仆，等等。这就是军爵制。

秦始皇兵马俑之队列

您在秦国推行的军爵制,这可是全新的一种制度。问题是,中国历来实行的世爵世禄制,在一般情况下,爵禄是代代相传的。现在如果真的全凭军功加爵,那么原先高官厚禄的那些人,他们原先的爵位还作不作数?如不作数了,这些人会罢休吗?

苏轼像

商鞅:从我的本意想,我是想做得彻底一些。

原先享世爵世禄的那些人,如果没有什么军功,爵禄也就取消了。这个问题,我想首先从王室宗族做起。"宗室非有军功论,不得为属籍。"(《史记·商君列传》)就是说,如果嬴姓的宗室某些人员相当长一段时间内没有什么军功的话,就不再列入贵族宗室的族谱。意思很清楚,从此以后,也就削爵为民,没有任何意义上的特权可享了。作为秦最高统治者的嬴姓一家子孙能这样做,其他等而次之的贵族还敢说什么。可惜,事实证明后来这一条没有真正做到,嬴家一族的太子、公子们反抗十分强烈。"宗室贵戚多怨望者"。这种根本利益的触动,必然会引起既得利益者的拼死反抗。后世对我也有诸多评说,赞誉有之,诽谤也不少,连宋代文人苏轼也将我变法说成"灭国残民"的大坏事。

《苏轼集》书影
(山西古籍出版社)

苏轼,号东坡居士,北宋文学家、书画家。与父苏洵,弟苏辙合称"三苏"。他在文学艺术方面堪称全才。其文汪洋恣肆,明白畅达,善用夸张比喻,诗文有《东坡七集》等,词有《东坡乐府》,他把商鞅说得一无是处,说:"商鞅之术用于世,灭国残民,覆族亡躯者相踵也。"(《苏轼集·论古》)

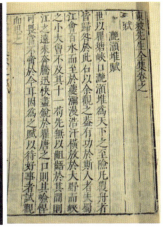

我们很想知道您所推行的军爵制的具体情况，比如说，在您变法前，秦国有无此种爵制，您是创新，还是在继承发展前朝之制，请作一点简单的介绍，可以吗？

商鞅： 军爵就是奖励军功的一种爵制。秦国原来也有爵制，比如上造、大夫、庶长等。这种爵制有的是原先秦国历史上延续下来的，有的是奖励有功人士的，由于史书记述不多，情况不太明朗。而我的军爵制有两个特点：一是单一的军功爵制，它原则上否定了除军功之外的原先设定下来的一切爵制和爵位。二是比原先的爵位更丰富也更完整了。整理相关材料，可知大约分为二十爵等，自下而上是：一公士；二上造；三簪袅；四不更；五大夫；六官大夫；七公大夫；八公乘；九五大夫；十左庶长；十一右庶长；十二左更；十三中更；十四右更；十五少上造；十六大上造；十七驷车庶长；十八大庶长；十九关内侯；二十彻侯。

这些爵名大都是我的创造，可喜的是，这些爵位在后来的秦汉两朝，甚至整个封建社会略加改造后被延续使用了下来，这也可说是我对中国社会的一个贡献吧！社会需要秩序，才能正常运行，爵位等次就是为维护社会秩序而制定的。

宋太宗像

宋太宗赵炅，本名赵匡义，后因避其兄宋太祖赵匡胤讳改名赵光义，是宋朝的第二个皇帝。当时，曾有人反对用吕端为相，说他为人糊涂，太宗却说："吕端小事糊涂，大事不糊涂。"对商子等法家的法治思想，特别是军爵制也多所采纳，"在御，常躬听断，在京狱有疑者，多临决之"（《宋史·刑法志》）。

《宋史·刑法志注释》书影

您说您制定的爵位，代表了一种社会相对稳定的秩序。这些爵位的被后来的历代统治者所认可和继承，就是一个明证。据学者研究，秦始皇兵马俑的排列及服饰都有强烈的爵位等级安排，显然是您变法后秦王朝对爵位等级的传承。我们想请您讲一讲您制订的二十等爵是怎么维护人际秩序的，行吗？

秦始皇兵马俑

商鞅：我推行的社会秩序制度，之所以是可行和经得起历史考验的，是因为它是建筑在以功行赏的基础上的。功劳是客观的，你没有功劳，只能处于社会底层，你贡献大，就可以进入社会高层。这样做，大家就会心服。

这里所说的爵与社会秩序之间的关系，包括平民与官吏地位的划定，还包括官僚内部地位的划定。平民与官僚的分界线在于有功与无功之间。有功者人人可以进官僚阶层，无功者只能在平民层中徘徊了。二十爵中的第一等爵公士。《汉书·百官公卿表》颜师古注："言有爵命，异于士卒，故称为公士也。"它虽是最低等的爵，但已"异于士卒"，因为兵民一体，因此也就异于平民了。公士把民与官这条线清楚不过地划了出来。而官吏中又划出低、中、高三个大的级差来。一等到四等爵，为低级爵位，过渡划在不更爵上。不更为四等爵，《汉旧仪》："不更，四爵，赐爵四级为不更。不更为一车四马。"它是士级人士的

最高级，"位在大夫下"。从第五等的大夫到第七级的公大夫（亦称七大夫）是中级爵位。第八级公乘开始，算是高级爵位并可任高级官吏了。《汉书·百官公卿表》颜师古注："（公乘）言其得乘公家之车也。"能乘公家车辆的，当然是高官厚爵者了。公乘开始，为高爵，有食邑。当然，上面还有十多爵，也体现了他们之间的地位级差。这样按军功而划分的社会等差，大家认为是合理的，也较能服众，所以就基本沿用下来了。

《汉书》书影

爵者，禄也。禄者，利也。您一再说到"法平"这两个字，就是说，变法为的是公平。《战国策》也褒奖您"商鞅治秦，法令至行，公平无私，罚不讳强大，赏不私亲近"，稍后于您的儒学大师荀况也一再说您"令行无私"。请问，在制定二十爵制上，它能体现"法平"原则吗？

商鞅：世界上的一切都是相对的。依法定爵，总体来说要比以前的世爵世禄制要公平得多。这种公平体现在利益上。这里说的利益，包括赐爵、赐官、赐禄、赐田、赐奴，等等。赐爵，代表地位，爵位越高，越受人尊敬。赐官，表实权，小则行政一伍，当伍长，大则当县令、郡守，直至到中央政府任职。赐禄，就是可以得到一定的食粮，称俸禄。后世的韩非子引"商君之法"曰："斩一首者爵一级，欲为官者为五十石之官；斩二首者爵二级，欲为官者为百石之官。"（《韩非子·定法》）赐田是赐禄的一种变化形态，体现了农本和战本的一致。赐奴指的是赐予家奴，"斩敌一甲，除庶子一人。得五甲首隶五家"（《商君书·境内》）。这里说的"庶子"，就是家奴。这种赐爵与功劳挂钩、功劳与得利相符的军爵制一定意义上说应该是公平的，也是会被人们普遍认可的。

《战国策》书影

《战国策》记述："孝公行商鞅之法十八年，疾且不起。"孝公一共在位二十四年，按《战国策》的这一记述，那变法该从孝公六年开始，共十八年。但不少史家认为开始得还要早些，变法延续时间当在二十年上下。

《韩非子·定法》书影

有人说您不只是变革家，还是很有才干的军事天才。比您晚出近百年的大思想家荀子，还把您与齐之田单、楚之庄蹻、燕之缪虮，并列为四大"世俗所谓善用兵者"（《荀子·议兵》）呢，如此评述您，您以为当否？

陈启天像

陈启天，近代史论家、教育社会学家、政治活动家。著有《张居正评传》《商鞅评传》等，认为商鞅是一个善于用兵的政治军事家。他在《商鞅评传》中说："商君者，法学之巨子，政治家之雄也。"

《商鞅评传》书影（南京大学出版社出版）

商鞅： 我看没什么不当的。不管怎么说，把我与这样一些军事大家并列在一起，无论如何是我的荣光。田单是齐国的名将，在与乐毅的对垒中，他巧用火牛阵，打败敌手，"尽复齐七十余城，迎襄王于莒而立之，封安平君"。还有那个楚国的庄蹻，楚威王时为将军，率军略巴蜀黔中以西，后因道路阻塞，留在滇中，"变服从其俗以长之"，成为西南夷的君长。燕之缪虮，其生平不详，也不见于太史公的《史记》，但博学的荀子将其列入，必有所本。我觉得这数人的经历与我十分的相似。我们都在战斗中身先士卒，都体现了艰苦卓绝的奋斗精神，都懂得以奇取胜。我率军一举攻克魏国旧都安邑，用奇计虏魏公子卬，从而重挫魏主力，使之一蹶不振，与田单的火牛阵、庄蹻的奇取巴、蜀、黔、直到入主滇，真是如出一辙。后来，田单封安平君，庄蹻成为滇王，与我因军功而成为商君，不是也很相像吗？

《商鞅评传》书影（南京大学出版社出版）

《商鞅评传》为郑良树所著。郑氏为文学博士，教授，他认为商鞅既是改革家，也是军事家，因军功而为"商君"。

不过我们要在这里点明一下的是，荀子在《议兵》篇里是说"世俗之所谓善用兵者"，并没有承认您是真正的兵家。"世俗"是相对于"正宗"而言的。荀子语意语气之间，也不无嘲讽之意。后世的学者也常常在您商鞅是否称得上是"合格的军事家"上争论不休，不知对此您在意否？

商鞅：这些我都注意到了。我看到邱少华先生曾称我为"著名的法学学派的政治家，也是一位军事家"（《先秦诸子军事论译注》）高亨先生还称道我是"一位杰出的思想家、政治家兼军事家"（《商君书注译》）。但大部分的论者不这样说。我也注意到了荀子的十分微妙的那种提法。既承认我是"善用兵者"，又说那只是"世俗"之见。点穿了，就是说我没有像孙子那样有一套完整的军事理论，只是"摸着石头过河"而已。的确，我的二十六篇作品，是以论法为主体的，论兵的部分是次要的，最多只是以法论兵而已。说实话，我真的还算不上军事家。

《荀子·议兵》书影

韩琦像

韩琦，北宋政治家、名将，天圣进士。好《孙子兵法》，对《商君书》的《战法》《兵守》篇亦熟知，极有军事才能，与范仲淹共同防御西夏，保卫大宋疆土，由此名重一时，时称"韩范"。

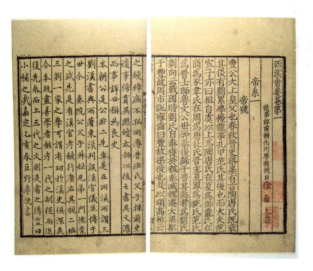

《西汉会要》（宋刻本）书影

南宋开禧元年进士徐天麟在《西汉会要》中盛赞商鞅、韩非等法家，认为"汉祖龙兴，取周秦之制而兼用之"。

记得有一位学者说，在商鞅的军事论述中，处处有着孙子的军事思想影子。请读一读《商君书》中的《战法》《兵守》这样一些篇章，从思想内容到语言特色，都类同于孙子。孙子强调"善用兵者，修道而保法"（《孙子兵法·形篇》），即用兵要讲政治（"道"），还要讲法度，而您商鞅不就是这样做的吗？孙子注重于"未战而庙算胜者，得算多也"（《孙子兵法·始计》），您商鞅看重的也是庙算。至于知己知彼、百战百胜、穷寇勿追等思想，在您商鞅的作品中体现得也十分清楚。在这里，我们想冒昧地问一句，孙子对您影响那样深刻，您是否读过《孙子》这部书呢？

孙子雕像

商鞅： 我当然读过。孙子是我的前辈，到我那个时代，他的兵圣地位已经确定，其书也广为流传。我主张"农战为本"，当然要学习军事，学军事就离不开读《孙子》。《商君书·战法》篇中说到的"《兵法》云"指的就是《孙子兵法》一书，这也可以看作我读《孙子》的一个明证。

《孙子集注》书影

依我们看来，您的军事思想的最大强势在于"凡战法，必本于政胜"（《战法》）这样一个了不起的观念。在不少人看来，政治就是政治，军事就是军事。而您不这样看。在您看来，军事是连着政治的。政治是军事之"本"，军事是政治的派生物和一定意义上的表现形式。战场上的"兵胜"，最终还得依仗于"政胜"。在这点上，有学者认为是青出于蓝而胜于蓝了，把军事与政治挂钩，而且以政为"本"，这话孙子说不出。在这点上，您比孙子更高明，可以这样说吗？

商鞅：说我比孙子还高明，岂敢！我的"兵胜有赖于政胜"这短短的一句话，它是凝结了春秋战国两个历史时期兵戎相见历程中诸多的血的经验和教训的。许多国家由强而弱，由弱而亡，不在于兵不强，不在于计谋不行，也不在于财用不足，而在于政治上的腐败。而秦国的强盛，根本的一条就在于"政胜"。 不管怎样，孙武还是一位"精通韬略"的军事家。

孙子雕像

孙子兵法城俯瞰（孙子兵法城提供）

在战国时代，战火已经燃烧了数百年，民众深受战祸之苦。在这种情况下，诸侯之间签订"弥兵"协定是得民心的，孟子大骂好战者是禽兽，也是得人心的，可您在此时却偏偏宣布自己要以"农战为本"，偏偏要告诉民众"以盛知谋，以盛勇战，其国必无敌"（《商君书·靳令》）。您说这些不是有点不合时宜吗？这样说，难道也是服务于"政胜"的吗？

商鞅：说我不合时宜？错了。我在《靳令》篇这样说，正合时宜。那些大呼小叫要"弥兵"的，哪一个是真心的？"弥兵"云云，只是一次新的更大规模的战争的准备和间隙罢了。至于孟子式的"和平"呼声，在战火连绵的战国时期，显得是那样的无力。在我看来，某些战争，可以造成战乱；另外，某种战争，可以治乱。我所主张的"农战为本"的战争，就是治乱之战，为中华大地实现大一统之战。没有这样一场大规模的统一战争，将永远只能是"民无安康、国无宁日"的局面。"故以战去战，虽战可也。以杀去杀，虽杀可也。"（《商君书·画策》）没有一场大的统一战争，没有一场血与火的大的较量，民众想要过上好日子是不可能的。

岳飞像

岳飞，著名战略家、军事家，被誉为宋代最为杰出的军事统帅。北伐抗金中为十二道金牌召回，被诬下狱而死。精通孙子兵法，行申韩之术，令出如山，赏罚分明。"冻死不拆屋，饿死不打掳"，是岳家军的口号。如此赏罚分明的军队，自然是"撼山易，撼岳家军难"。

《商君书·靳令》书影

您是生活在一个被称为战国的时代中,"万乘之国七,千乘之国五,敌侔争权,尽为战国。"(刘向:《〈战国策〉叙录》)您的所言所行,所思所想,都告诉人们:这个名为"战国"的时代的结束,是只能靠充满铁血味的"战"字来实现的。是否如此呢?

商鞅:正是如此! 这里存在着法、农、战、政四者的关系问题。为了改变一个国家的总体面貌,必须变法。"法令者,民之命也,为治之本也。"(《商君书·定分》)法令这个"本",又支撑着农、战这两个"本"——通过发展农业来富国,通过强化战事来强国。而上述三者,法的推行也好,农业的发展也好,战备的强化也好,最终都有赖于"政胜"。荀子是在我变法后到过秦国的,他看到了些什么呢?他说:"都邑官府,其百吏肃然,莫不恭俭敦敬忠信而不楛,古之吏也。入其国,观其士大夫,出于其门,入于公门,出于公门,归于其家,无有私事也。不比周,不朋党,倜然莫不明通而公也,古之士大夫也。观其朝廷,其间听决百事不留,恬然如无治者,古之朝也。"(《荀子·强国》)如此这般的"政胜",所以秦国的军队是必然战无不胜的。

刘向像

刘向在整理《战国策》后,写了《叙录》一文,他一方面批评当时的战乱景象,同时也不得不承认"力功争强,胜者为右","非威不立,非势不行"的现实,那是与商鞅以正义之战统一国家的思想暗合的。

《荀子·强国》书影

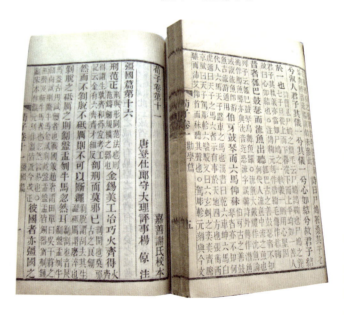

第四章 修政作壹

　　一部《商君书》，真是做不完的"壹"字文章啊！

　　在商鞅笔下，"壹"就是农，农就是"壹"。这里说的"壹"，有着第一位的意思。"圣人之治国作壹，抟之于农而已矣"，"壹务则国富"。"壹于农"这一笔，商鞅书写得最浓最深最着力。

　　在商鞅笔下，"壹"亦指战。"壹于战"，"入使民属于农，出使民壹于战"。壹于农和壹于战，两者并列第一，同等重要。

　　在商鞅笔下，"壹"还是人的精神境界、心理状态。"意必壹""民壹意"，只有有了这样的民众，才可能真正自觉自愿地"壹"于农战。

　　在商鞅笔下，"壹"还是一种国策。"圣人之为国也，壹赏、壹刑、壹教。"这里"壹"的意思就更丰富而耐人寻味了。

　　在商鞅笔下，君主是"作壹"者。"权者，君之所独制也。"权要执掌在君主一个人手里，这又是另一意义上的"壹"。

　　在商鞅笔下，君主虽然应该大权独揽，但他又受制于法，"法者，君臣之共操也。"君主只能"秉权而立，垂法而法治也"。这样，君治和法治又"壹"在一起了。

　　在商鞅笔下，君主的职责无非是"修政作壹"，哪个君主违背了"作壹"这根本的一条，他也就会被民众所抛弃了。

　　啊，多么复杂又多么简单的一个"壹"字啊！谁读透了这一个"壹"字，谁才算真正懂得了商鞅。

我们通读了《商君书》全书，觉得您通篇念的就是"壹"字经。我们数了一下，全书用"壹"来表述文意的有很多处，据全书诸多文辞之首。当时的诸子百家也说"壹"，如孟子、荀子等，但他们绝没有像您那样重视这个"壹"，所言"壹"的文意也绝没有您那样的丰富。请问：您为何那样的看重这个"壹"字？

商鞅：我说出那么多的"壹"来，是经过深思熟虑的。在我那个时代，时势是那样的恶劣，到处是战乱，到处是残杀，秩序混乱到了极点，思想混乱到了极点，社会生活的体制混乱到了极点。怎么办呢？大家都想到了这个"壹"字。比如孟子吧，他说："夫道，一而已。"（《孟子·滕文公上》）"天下将定于一。"（《孟子·梁惠王上》）这话说得很好，很鼓舞人心。但是，何为"壹"？"壹"之"道"在哪里？如何实现"壹"之道？这些孟子都没有回答，而我思考了，回答了。我希望给历史以一个完美而有实际价值的回答。

《孟子·梁惠王上》书影

《开成石经》之《周易·乾》

从根本上讲，《易经》也是讲"一"的。"大哉乾元，万物资始"，"乾元"就是"一"，万物就是由乾元这个"一"变化而来的。

《孟子或问》书影

梁襄王的命题是："天下恶乎定？"即谓怎样才能使天下安定，孟子明确回答说："定于一。"襄王不知"孰能一之"，孟子对以"不嗜杀人者能一之"。在"定于一"这点上，商鞅和孟轲是一致的。

《商君书·壹言》书影

好得很。对于"定于一"这样深刻而沉重的社会课题，需要孟子式的大声疾呼，更需要您那样的有实际内容的、触及时弊的、正面的回答。我们很想知道的是：您说的"壹治"，包含了哪些实际的治理社会积弊的良方呢？

商鞅：我说的"壹"，至少包含了这样相互关联的三个方面的意思：其一，"壹"说的就是第一。谁都希望富国、强国，但什么才是第一位的呢？很多人说不明白；有些人触及了，但没有下大决心去实施。我则十分清楚地告诉大家，何为"壹"？那就是农战。在任何情况下，农战永远是第一位的。可以说，《商君书》百分之八十的篇幅是在强调农战的首要地位。这点，你们注意到了没有？其二，"壹"就是专一，在我的作品中叫做"作壹"。你既然知道农战是第一等重要的事务，那全国上下，不管你居于何职务、何地位，都要去"作壹"，都要在自己的岗位上为"壹"做出自己的努力，使全国民众都"喜农而乐战"。其三，"壹"就是统一。统一到哪里去？我是讲法的，当然要统一到"法"那里去。这叫"垂法而法治。"（《商君书·壹言》）

在中国历史上，我可能是最早明确地提出了"法治"这个概念的人了。在我之前，李悝、申不害，都提过，但那只是口号式的，少有实际的内容。我所说的"法治"，意思是明确的，我在社会生活的各个方面都制定了相关的法，大家都要依法行事，那样，国家不就步调一致了？统一于国法，这就是我的理想。事实证明，我的主张是完全正确的。"无法无天"，这样的国家怎么能治理好呢？

我们想请您重点讲一讲"壹就是统一"这个课题吧！统一当然会是全方位的。经济上的"壹"，是最大的重头文章，这在第三章中已经讲得够多的了，这里不必重复了。谁都知道，这是统一的真义之所在。我们在此只想请您说一说，为了在经济生活中坚守这个"壹"字，您采取了怎样切实有效的措施呢？

商鞅：这个问题提得好。大政方针决定以后，看来切实的举措就是第一位的了。为了实现"壹"于农，我提出了"利之从一空出"和"民不偷营"（《商君书·农战》）两大举措。首先是，百姓取得利益的途径只有"一空（孔）"，也就是一条途径，那就是农战。你是再聪明能干的"豪杰之士"，死心吧，除了农战，你干得再出色，也得不了大利，甚至无利可图。同时，我对"偷营"者实施无情的堵杀。明明是国家的法制不提倡、不允许的，你偏偏要去经营，这叫"偷营"。那些想靠"务学《诗》《书》"立身于世的，那些想"随从外权"也就是靠外部势力获得利益的，那些靠技艺"以避农战"的，都可名之为"偷营"，都是法所不允许的，都应予以堵杀。我在这方面是下了大力气的。

孔子铜像（北京）

《诗》《书》书影

《诗》（又称《诗经》），中国第一部诗歌总集，收入自西周初年至春秋中叶五百多年的诗歌三百一十一篇，又称《诗三百》。西汉时被尊为儒家经典，始称《诗经》，该称谓沿用至今。

《书》（又称《尚书》《书经》），为一部多体裁文献汇编，是中国现存最早的史书。分为《虞书》《夏书》《商书》《周书》。战国时期总称《书》，汉代改称《尚书》，即"上古之书"。商鞅早年也读过《诗》《书》，但最后是摈弃了《诗》《书》，认为只有重耕战和法治，才能使天下走出战乱。

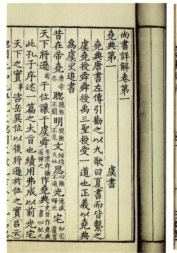

大家十分关注您所实施的统一度量衡这件事，认为这是"利民"之策，可是，一些史家在基本肯定这一重大举措的同时，总要加上那么一句："其目的还是为了加重对人民的剥削。"这样说，讲得通吗？

范纯仁像

范纯仁，北宋大臣，人称"布衣宰相"。他奉行"利民"之策，秉承其父仲淹"先忧后乐"的精神风貌，时刻不忘"以天下为己任"，认为"圣人以民之视听，为天之视听，故万事不可不察于民也"（《进尚书解》）。

商鞅量（又称"商鞅方升"）

商鞅变法前，秦国各地度量衡不统一。为了保证国家的赋税收入，商鞅制造了标准的度量衡器，如今传世之"商鞅量"，上有铭文记有秦孝公"十八年""大良造鞅"监造，"爰积十六尊（寸）五分尊（寸）之一为升"。

商鞅：完全的不通。统一度量衡制度的法令大约颁发于孝公十八年（公元前344年），是第二次变法中比较晚出的法规。传世的有这一年颁发和使用的商鞅方斗（现藏于上海博物馆）。经上海市标准计量局测定，商鞅方斗的内容，秦一升的容积为二百零二点一五立方厘米。又据这个升的铭文，容积是当时尺度的十六又五分之一立方寸，以此推算，每立方寸的容积为十二点二五七立方厘米。再由此推算，当时秦的一寸是二点三零五厘米，一尺是二十三点零五厘米。这样的统一，只会有利于统一赋税制度、俸禄制度，有利于商品流通，有利于发展经济，防止巧取豪夺，相对地减轻民众的负担，怎么可以说是"加重对人民剥削"的一种手段呢？说为了加重对人民的剥削云云，显然是想当然的。

我们知道,统一当然也包含有统一认识、统一思想的意思在。为了统一思想和认识,您提出了"壹教"。请问:何为"壹教"?您的"壹教"与儒家的"重教"有什么不同?您既然是那样的看重教育,又何谓"明教之犹至于无教也"?

商鞅: 你们上面说到了,壹教的目的是为了统一思想、统一认识,使全国人民目标一致,步调一致。为了解读"壹教"二字,我用了相当长的篇幅来加以说明。所谓"壹教",直白地说就是统一教育,在中央规定的教育之外不搞另一套。我的统一教育与儒家的教育有点儿不一样。儒家教育总是告诉人们应该如何如何,也就是所谓的正面教育。而我的统一教育恰恰相反,重头放在不应该如何如何上。我跑上来就说:"所谓壹教者,博闻、辩慧、信廉、礼乐、修行、群党、任誉、清浊,不可以富贵,不可以评刑,不可独立私议以陈其上,坚者被,锐者锉。虽曰圣知巧佞厚朴,则不能以非功罔上利,然富贵之门,要存战而已矣!"(《商君书·赏刑》)这里提出了该防范的"八种人",这八种人是:自以为博闻的人、巧言善辩的人、伪装信廉的人、大讲礼乐的人、以德行压法制的人、结党营私的人、互相标榜的人、诋毁他人以自利的人。对这八种人要实施三不准:一不准他们得到富贵;二不准他们议论刑法;三不准他们擅自创设私家学说向国君陈说。还要实施一个重点,即重点打击那些顽固不化的"坚者""锐者"。所谓"坚者",就是坚持旧观念、反对变法的死硬法。所谓"锐者",就是顶风作案的不法分子。这就是教育,这就是"壹教"。这样的教育,多的是实际手段,少的是口头言辞,因此我称之为"明教之犹至于无教也"。

《四库全书总目》书影

《四库全书总目》有载《商君书》,据后人考证,尽管多为商鞅以后的人所编撰,但明于"壹教""重教","殆法家者流,掇鞅余论,以成是编"。

《商君书·赏刑》书影

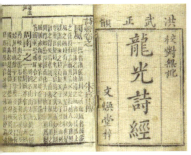

《诗》《书》书影

戚同文像

戚同文，北宋初年著名的教育家，应天书院的奠基人。侍奉祖母以孝闻名。熟读"五经"，好申韩之学，赞"以身殉法"。早年时遇后晋末年大乱，他立志不做官，不蓄积财产，不营建居室，主张"人生以行义为贵"。

在《韩非子·和氏》篇中写道商鞅教秦孝公："燔《诗》《书》而明法令。"这段话被后世的学者广泛运用。这简简单单的只有十三个字的一句话，可就苦了您，认为您商鞅除了采取其他一些极端措施外，还提倡"焚书"，这是日后秦火之灾的先导，这样也就永远地把您钉在历史的耻辱柱上了。请问先生，您真的向孝公提出过那样违反人道的建议吗？

商鞅：这是不确的，用你们时代的话来说，完全是冤假错案。一，我在《商君书》中多次提到并批评以《诗》《书》修治的那些人，认为这些人靠不住，不可用，我说过："国用《诗》《书》、礼、乐、孝、悌、善修治者，敌至必削国，不至必贫。"（《商君书·去强》）我只是认为《诗》《书》解决不了治国问题，学《诗》《书》的那些人，不可用，并没有说要对他们怎么样，更没说要对他们斩尽杀绝。二，查遍《商君书》全书，没有"燔《诗》《书》"这样的字样。如我真的干了，而且认为是对的，我会不著之竹帛吗？这么大的一件事，没有记载，

说明就根本没那档子事。三，退一步说，如果我真的烧了《诗》《书》，那么还用得着秦始皇时代大张旗鼓地"焚书坑儒"吗？因为在我那时《诗》《书》烧尽了，后来何来那么多儒家的书可烧？即使有少量没烧尽的，也不用搞那么大的运动呀！

这倒奇怪了，"焚书"明明是多少年以后秦始皇和李斯一起干的一件充满血腥味的大蠢事，韩非他为何要把这样滔天的罪孽加之于您商鞅头上呢？在历史上，大多史家都视韩非为您的学说的正宗继承人，他总不至于有意诬陷您吧？

秦始皇雕像

商鞅：看韩非的那段话，似乎也不是有意要栽赃"焚书"的罪名在我头上，只是在书写我的"明法令"的举措时顺笔带到而已。在韩非的这段话中，基本的意思是在表彰我，说我干了那么多可圈可点的好事，"秦行商君法而富强"，后世是再没人像我那样会为明法术而挺身而出的了。"焚书"云云，只是随意捎带。其实，韩非的思想比我更激进，他为了宣传他的"焚书"主张，从前辈那里找到"历史依据"，就说我曾教孝公"焚书"。就是韩非先生的顺带一笔，给我招来了千年冤屈，那是当年他自己也始料不及的吧！也有一种可能，韩非当年倒没写上"焚书"字样，后世人在校订《韩非子》时，出于某种目的添加上去的。

鲁壁，明代为纪念孔鲋藏书而立。

众所周知，在西周春秋时期，周天子的统治方式实行的是贵族分封制、等级制和世袭制。周天子把土地、人民和统治权分封给亲属和臣属，称为诸侯，诸侯又分给自己的亲属和臣属，称为卿大夫。卿大夫又照此类推。这样，就形成了天子、诸侯、卿大夫、士这样一些等级。这套以分封和世袭为特征的统治方式至少延续了千年，您为何要刻意建设县制，取而代之呢？

柳宗元像

柳宗元，唐朝著名的文学家，字子厚，世称"柳河东"，与唐代的韩愈、宋代的欧阳修、苏洵、苏轼、苏辙、王安石和曾巩，并称"唐宋八大家"。哲学著作有《天说》《天对》《封建论》等。他在《封建论》中明确指出，秦始皇推行郡县制是历史的进步，唐朝也应该实行郡县制而不是倒退到封建制，这实际上也是对商鞅变法的肯定。

《唐鉴》书影（十二卷，宋刻本）

宋代范祖禹撰。现存上海图书馆。

商鞅： 这种以分封和世袭为特征的统治方式，在当初可能是极有必要的，甚至可以说在那时是唯一的。不那样，不足以维护周天子的权威。但久而久之，天子所封的诸侯、卿大夫权势日大形成了尾大不掉之势。天子不只难以管理他的下属，更无法管理下属的下属，所谓"统一"管理只剩下了一副空架子。到了春秋战国时期，不只天子管辖不了诸侯，就是诸侯也管辖不了大夫。看来，要真正实现统一，必须在行政体制上动大手术，那就是实行县制。宋代范祖禹所撰《唐鉴》，就明确提出这个问题。早在春秋时期，秦国就在边远地区设县。秦献公时代为了向东扩展，在东部设立了数县，尤其是在当时的国都栎阳的郊区设县，这是创造性的。不过那时的县还是很少，成不了气候。我在原先大小贵族盘踞的乡、邑、聚动手术，将它们合并为县，至少一下建立了三四十个县（史料记载不一：《六国年表》称建三十县，《商君列传》称建三十一县，《秦本纪》称建四十一县）。这样，史家称为"实现了普遍的县制"，世袭的分封式的行政体制基本上被取代了。

115

我们不明白，为何说这种以县命名的行政体制与当年的分封制、世袭制有着本质的区别？为何说县制最能体现和落实中央集权？您在《垦令》中说的"百县之治壹形"，又是什么意思？

商鞅：我先讲"百县之治壹形"吧，讲清楚了这个问题，其他问题也就容易解答了。这里讲的也是一个"壹"字。"百县之治壹形"，就是说所有的县都要有统一的官僚设置，统一的管理模式。把乡、邑、聚合并之后，当县级官员，都是有一定军功的，一切传世的特权都不管用了，这是"壹形"之一；中央委派到县里的主要官员有县令（一县之长，不满万户的直接称县长）、县丞（县民政长官）、县尉（县军事长官），县的军政要员由中央委派，由中央提供俸禄，对中央负责，这是"壹形"之二；"初为县有秩史"（《史记·六国年表》）。县官以下的职官称"史"，也都是有相当军功的，他们也是从中央政府那里领取一份俸禄，与县官只有上下级关系，而没有人身依附关系，这是"一形"之三。有了这三个"壹形"，那么什么分封，什么亲荫，什么世袭，都不管用了。地方的（包括最基层的）军政大权就全都收归到了中央政府手里。这可以说是我商鞅变法中的一个大动作。应该说，唐人柳宗元理解了我力主县制的用心。县制的精义在于中央集权，而分封和世袭的结果是地方分权，它们之间的本质区分就在这里。

《吕氏春秋》书影（宋刻本）

秦国是通过中央集权的郡县制管理国家的。吕不韦主持编纂的《吕氏春秋》对此予以肯定。

柳宗元衣冠墓

《政治学》书影
（亚里士多德著）

亚里士多德像

亚里士多德（前384年—前322年），古希腊伟大的哲学家、科学家和教育家。是柏拉图的学生，亚历山大的老师。他从柏拉图的法治理论入手，认为"法律是优良的统治者"。在《政治学》中进一步主张"法治应当优于人治"。

我们知道，您所推行的以县制为核心的那一套行政体制，的确是好东西。如果严格地按您说的去办，大权定然集于中央了。正如亚里士多德在《政治学》所言，体制的实施靠的是人，或者说是要靠您委派的那些官。您有什么办法让这些官员严格执行中央的指令不走样呢？

商鞅： 严格按中央指令办事不走样，靠的不是别的，而是法。各级官员的职责是什么？我明确给出了答案："守壹者治。"（《商君书·弱民》）官吏治民，就是要"守壹"，这"壹"，就是国家的法令。"官法民。"（《商君书·弱民》）官员的职责只在于依法治理百姓。如果官员们都能以法来治理，那还会有执行中央指令走样的事发生吗？您一再叮咛百官："臣以法事君。"（《商君书·修权》）有学者把我同古希腊哲学家亚里士多德相比，说我早生几年，当比亚氏早倡"法治"思想，这种推论不是不可以，

其实，管仲以及比管仲早的思想家早就倡导"法治"思想了。

可以这样说，在我商鞅看来，真正集权的官治，应该就是"法治"。

在中国历史上,您是第一个提出简政观念并决心实施简政的人。在您看来,治国的正道在于"官属少"(《商君书·垦令》),您这样主张出于一种怎样的考虑呢? 您想过没有,在当时条件下,实行简政可能吗?

商鞅:我用了两句话:"官属少而民不劳","官属少,征不繁"。这两句话都是着眼于民众的,都是为民众着想的。第一句话是从行政角度讲的。官多了,随员也多,那是很劳民的事;官多了,主意也多,叫人听谁的好? 不只劳民,而且扰民。第二句话是从经济角度讲的。官吏的主要精力不可能放在生产上,但他们也要吃饭,也要穿衣,也要居住,这些都得靠民众生产出来。因此,官越多,就得征收更多的赋税。为民众着想,必须而且应该搞简政,极大地精简国家机构。应当说,简政在当时条件下也是可以实现的,因为那样做会给百姓带来实惠,老百姓拥护了,简政还怕办不成?

事实上在当年的秦国简政的目的达到了没有呢? 我说是达到了的。荀子在《强国》篇中说的"观其朝廷,其间听决百事不留,恬然如无治者"这段话中说的"如无治者",本身就有简政的意思在,也是对简政的一种肯定。

黄仁宇像

黄仁宇,祖籍湖南长沙,著名历史学家。黄仁宇认为,商鞅变法旨在"简政",以法治国。他说,秦始皇继承秦国自商鞅变法以来的统一方略,取得了社会历史发展的伟业。

刘子羽像

刘子羽,将门子弟。十一岁随父亲、北宋名将刘鞈过军旅生活。通读经史,后弃文习武,尤精孙武兵法,好严法简政,善军事谋略,战功累累。因不附秦桧而被罢职。

在中国历史上，您做了许多"第一个"，是第一个提出立县制，也是第一个提出当官是为私还是为民这样质疑的人。立功者得利，得利者赐爵，有爵者为官，这在您看来是顺理成章的事。但是，这里说的"利"，是公利，不是私利。牟私利者必须予以严惩。您这样做，不就是要防范官僚层的腐败吗？

王夫之像

王夫之，又称王船山，与黄宗羲、顾炎武并称为明末清初的三大思想家。著述甚丰，其中以《读通鉴论》《宋论》为其代表之作。王夫之在《读通鉴论》的第一篇里，对秦始皇继承了秦国自商鞅变法以来实行"废分封立郡县"的革新措施作了高度的评价。他认为分封制改变为郡县制是符合历史发展的趋势的，因而是合理的。说："郡县之制，垂两千年而弗能改矣。合古今上下皆安之，势之所趋，岂非理而能然哉？"

商鞅：当时，在秦孝公时期，新的官僚制度刚刚确立起来，应该说它是欣欣向荣的。但一些不好的苗头也已经初露端倪。一些官员不择手段地"巧取官爵"；一些官员奉迎拍马，"曲主虑私"；一些官员不想把事情办好，而是"为之者，以末货也"，就是一心追求钱财。这种状况在当时虽远还说不上是主流，但必须严以防治。我旗帜鲜明地揭露道："进则曲主，退则虑私，所以实其私，然则下卖权也。"（《商君书·农战》）这些私字当头的人，实际上是将国家给他的权，作权钱交易，唤之"卖权"。而"卖权"最终是不会有什么好下场的。这些不走正道的官僚，我给起了个名字，叫"邪官"。我警告这些邪官："无宿治，则邪官不及为私利于民！"（《商君书·垦令》）"为私利"的"为"，后人高亨在《诸子新笺》中有解："为，犹求也，古语为有追求之义。"这句话的意思就是说：当天事当天办毕，办事效率高，那些走歪门邪道的官员也就无法到民间去追求私利了。"为私利于民"者必须及时住手，不然当心受到法的严惩！我在《禁使》篇有关君臣相互间的制约方法，也算是防腐之招吧！

为防止官僚的腐败，需要时时打打预防针，警钟长鸣，对他们时不时地发出警告，并辅之以切实的防范措施。有学者将您的诸多措施归结为"三不准"，我们愿闻其详。

《商君书·外内》书影

此篇阐述了对外重战、对内重农的思想。

商鞅：法家的特点就是讲实际，做的比说的多。在防止官僚腐败的措施上，我的确是想得很多。所谓"三不准"云云，那是我在《商君书·垦令》中明确定下的，我指出："国之大臣诸大夫，博闻、辩慧、游居之事，皆无得为，无得居游于百县。"一是不准"博闻"。意思是，法律是很严谨的，有着确切的含义和明确的解释的，你作为一个官吏，不能旁征博引，不能道听途说，不能随意解说。二是不准"辩慧"。就是不要为了巧取豪夺，而去对百姓巧言善辩。孔子在《论语》中说"巧言令色，鲜矣仁"，那些嘴上说得好听、老是挤眉弄眼、曲意奉迎的人，不可能是仁人。在这点上，我与孔子所见略同。当官的不能靠嘴巴功夫吃饭。三是不准"游居"，我强调说"无得居游于百县"。这一"不准"的内涵比较广。"居游"的意思与"游食"可能大致相同。我是警告官员们，不要借助于自己手中的权去干经商之类的活动。还有层意思是，"游居"又与"巡游"之义相类。我是要官员们扎扎实实做些事，不要以考察、了解下情为名到处游乐，那样相反会加重民众的负担，会损害"农战为本"的。

《论语或问》书影（宋刻本）

您一本正经的宣示"三不准"，在其他篇章中还说到了另外种种"不准"。可是，当时不愿意实施法治的大有人在，有人还说孔子、孟子反对法治，以此来说明自己反对法治的正确，他们偏偏要顶风作案，偏偏要与"不准"对着干，那您怎么办呢？

孔子像

此孔子像，为明代弘治十一年（1498年）的木刻版画，选自《历代古人像赞》。

《春秋经传集解》书影（宋刻本，现存上海图书馆）

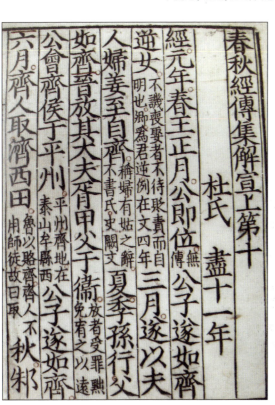

商鞅：很简单。那就是让广大的民众来揭发。"过而废者不能匿其举。过举不匿，则官无邪人。"（《商君书·垦令》）不但官与官之间不能"匿其举"，治下的百姓也不能"匿其举"。有了问题，就要揭发。为了提高揭发的实效性，当时已建立了相应的视察制度和监察制度。国君、相国，还有专门从事监察工作的御史，经常到县甚至更基层去巡视，那样也可发现不少问题，使官吏的问题无处藏匿。一旦查出，即予处置。"重刑而连其罪"（《商君书·垦令》）。治官从严，这是我定下的一个大原则。同样是违法，官员违法比一般老百姓违法要处置得严些、重些，这叫"重刑"。我想，对那些邪官施以"重刑"，老百姓是会拍手称快的。

对您的执法观念，历来评说甚多，莫衷一是。有的说您"峭法盛刑，以虐戾为俗"（《盐铁论·非鞅》），有的说"商君治秦，法令至行，公平无私"（《战国策·秦策一》）。有的说"（商鞅）举法明教，秦人大治"（《韩非子·和氏》）。究竟谁说得更符合实际一些呢？

商鞅： 说我商鞅"峭法盛刑"，这一条我认了。这是好事，不是坏事，我为什么不认可呢？法而不"峭"，法的威严何在？刑而不"盛"，也就不足以威慑罪犯，警戒百姓。关键是我是不是做到了"公平无私"。司马迁就赞我"尽公不顾私"。我可以无怨无悔地对后人说：我做到了。"赏不私亲近，法及太子，黥劓其傅"（《战国策·秦策一》）这不是最大的公平是什么呢？对地位那样高的太子、公子都敢动手，对一般的邪官我还会留情吗？这些处身高位的人，在我手里吃了亏，就到处煽风点火，到处起哄，把我妖魔化。还编造故事，说我把一些人推到渭水边杀了，河水都染红了。这些人是什么人呢？是无辜之民还是违法犯罪者，故事的编造者一概不说，可见说这样话的人，心里虚得很呢！如果杀掉的是贪官、污吏，老百姓还不会额手相庆吗？

《韩非子·和氏》书影

韩非子推崇商鞅说："七国之雄，秦为首强，皆赖商鞅"，"（商鞅）举法明教，秦人大治"。《韩非子·和氏》又说："（商君之法）孝公行之，主以尊安，国以富强，八年而薨，商君车裂于秦。"

司马迁祠墓

司马迁为商鞅一个人立传，差不多花了三千字的篇幅，这在《史记》中并不多见。通观《史记·商君列传》，司马迁对商鞅其人的评价是矛盾的，一方面赞赏其"行之十年，秦民大说，道不拾遗，山无盗贼，家给人足"的变法伟业，另一方面又责难其"天资刻薄人"的品性。

号称"头号中国通"的美国人费正清先生说："商鞅是逆时代潮流而动的，他无条件地赞成君主专制独裁主义。"（《简明中国史》）他说您提倡的君主专制独裁主义是"无条件"的，此言站得住脚吗？

费正清像

费正清，哈佛大学教授，著名历史学家，他致力于中国问题研究长达五十年。他的著作甚丰，绝大部分都是论述中国问题的，但他对商鞅的看法并不正确。

费正清参与主编的《剑桥中国史》书影

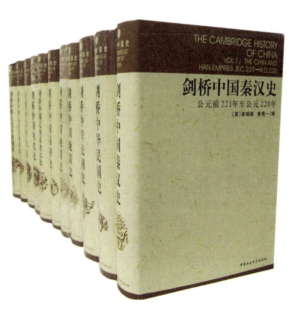

剑桥中国秦汉史
公元前221年至公元220年
〔英〕崔瑞德 鲁惟一 等

商鞅： 这话靠不住，至少我可以说他没好好读我的书，就想当然地妄下断论了。我在哪里说过君主可以"专制"、可以"独裁"？我商鞅推行的是中央集权政治。把地方的权收归中央，这不只不逆时代潮流，相反是应顺了时代潮流。再说，我虽然推崇君主的地位，但从统治角度看，它不是个简单的个体，而是个群体。当时在君主之下，设有最高权力执行者左庶长、大良造，兼理军政大权，辅佐君主执法。这为日后秦国的将相制度奠定了基础。当时在我变法的前后，已有了御史、卫尉、内史、尚书等职务和机构，这为日后的"三公""九卿"制准备了条件。这些都说明，我的强化君权，并不如费正清说的那样是"无条件"的，应当说法制就是一个条件，中央政府也是一个条件，说"无条件"是虚妄的，何况我在所有场合都没提倡君主一个人的独裁。

您说自己没提倡过君主一个人的独裁，马上有人会反问：您在《修权》一篇中，不是说过"权者，君之所独制也"吗？"制"就是控制。"独制"，就是一人独自控制，有学者还说，这话像罗马政治家凯撒所言"我即法律"差不了多少。这不正好说明您强调过君主专制的吗？难道"独制"与"独裁"之间有什么本质上的差异吗？

商鞅：我反对断章取义。你们所引的这句话要与前面两句话连起来读。我说的是："国之所以治者三：一曰法，二曰信，三曰权。法者，君臣之所共操也。信者，君臣之所共立也。权者，君之所独制也。"(《商君书·修权》)我是说，治理国家靠三条：一是法度，二是信用，三是权柄。法度是君臣所应该共同遵守的；信用是君臣共同所建立的；权柄是国君独自控制的。这里说了三条，而不是一条。单拿第三条说事，怎么行呢？第一条和第二条是第三条的前提。没有法度，没有信用，就不会有我所说的那种君权。"权制独断于君，则威。"在君臣共同建设法制和建立信用的基础上，最后君主一锤定音，只是体现了君主的威严而已，别的什么都说明不了。我所提倡的君主不像凯撒所言"我即法律"，也不像秦始皇所说"朕即天下"！

凯撒像

凯撒(公元前100年—前44年)，古代罗马政治家、军事家。他善于治军，足智多谋，政治上不囿于陈规。凯撒大帝历来被人们视为是一名贤君，可这主要是基于他的战功显赫，他的擅断政治也丝毫不亚于帝国时代的暴君。凯撒曾公开发表言论："现在人们跟我讲话应当更慎重周到点，应当把我的话视为法律。"

秦始皇雕像

顺着这个思路，似乎就有这样的问题要提出了：在您的眼中，是法大，还是君大？古罗马法学家西塞罗说过"执政官是说话的法律"之类的话，把法大还是君大的界限给模糊掉了，您是否也如此呢？易言之，在您的心目中，立君是为了更好的执法呢，还是让法为国君所用呢？

西塞罗像

马库斯·图留斯·西塞罗（公元前106年—前43年），古罗马著名政治家、演说家、雄辩家、法学家和哲学家。是柏拉图法治思想的优秀继承人，他有一句名言："执政官是说话的法律，而法律是不说话的执政官"。他的本意是提高法律的地位，可由于此语的模棱两可，人们在实践中却把其误解为只要执政官是合法的，那么他就可以为所欲为。

《商君书·开塞》书影

商鞅：我可以负责任地说，在我的心目中当然是法大。如果离开了法，就完全失去了立君的意义。"立君之道，莫广于胜法。"（《商君书·开塞》）何为"胜法"？"胜法"就是执法。需要确立一个国君，最根本的目的就是为了更好的执法，为了让国君成为执法的领头人。中国古代的王者（国君）历来有"一人"的自称，认为自己只是国内带领大家前进的"第一人"而已。"一人有庆（善德），兆民赖之。"（《书·吕刑》）意思是：国君作为国家的第一人，如果他有善德的话，那是亿万民众的依赖。我商鞅继承了这一传统思想，把国君看作是执法的第一人，这是"立君之道"的初衷。

如果有的君主不能"胜法"呢？那还是无君的好。"有主而无法，其害与无主同。"（《商君书·开塞》）意思是，国君你的所言所行必须受法的制约，如果执法不力且不愿受法的制约，自搞一套，那人们有理由抛弃你。我的主张都白纸黑字写着的，究竟我是不是主张君主专制，想必后人自有公论。

您说过一段众所周知的话:"国治,断家王,断官强,断君弱。"(《商君书·说民》)这段话中接连有三个"断"字,不太好理解,请给我们作出浅近的解读。有学者说,这段话中的三个"断"最雄辩不过地说明您是反对国君独断独行的,您的宗旨是,"断"在"家"(也就是家家户户)才能称"王"于天下,这样理解符合您的原意吗?

商鞅: 如果你是个严肃的客观主义者,那么只能作这样的解释。围绕治国安邦,我在《说民》篇里提出了三种"断"法。第一种是提高民众的法制意识和法治水平(事实上我毕生都是在这样做),由家家户户的民众做出决断(所谓"断家"),那样这个国家就可以称王于世。第二种是由主持公道、懂得法治和农战为本的官员来做出决断(所谓"官断"),那国家也可能强盛。第三种,也就是最后一种,是由一个国家的君主一个人做出决断,那么这个国家必然削弱无疑。这不是再明显不过地反对君主独断吗?说我主张君主独断的人,请好好地去读一读这段话,相信你是会得出正确的结论来的。

我还说了,即使有些事要君主拍板,也要看一看老百姓的脸色,绝对不能乱来。"王者刑赏断于民心。"(《说民》)就是君主拍板的事,也要决断于"民心"。这话,也请大家去认真读一读,那样会更明白我的真实用心。

顾炎武像

顾炎武,著名思想家、史学家,与黄宗羲、王夫之并称为明末清初三大儒。学问渊博,晚年治经重考证,开清代朴学风气。他认为,商鞅变法旨在反对"国君独断",而是通过严厉的法律来维护统治秩序。说:"然则秦之任刑虽过,而其坊民正俗之意固未始异于三王也。汉兴以来,承用秦法以至今日者多矣,世之儒者言及于秦,即以为亡国之法,亦未之深考乎?"

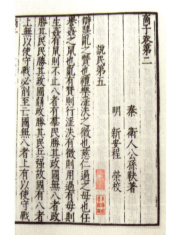

《商君书·说民》书影

商鞅在这一篇章里论述了如何治理民众的问题,根本在于"断于民心"。

有专家以为，您的"乱，故求有上也"（《商君书·开塞》）的说法，是带有唯物倾向的，是进步的史学观，有位大史学家吕思勉还说："《开塞》首为原君之论，其言以乱而求立君，颇合欧西民权论中之一派。"这您听了一定很得意吧？

吕思勉像

吕思勉，历史教授，著有《先秦学术概论》等。他对商鞅的评价比较全面，既说商鞅"语多偏激"，不应提倡"废学"（商鞅的"废学"主要是指废除诗、书、礼、乐等儒家经典），又认为他的"壹赏""壹刑""壹教"是可取的，是有利于大一统和中央集权的。

商鞅：不是得意不得意的问题，我的确是这样想的。在我的想象中，远古的时候，民众群居在一起生活，各干各的，自以为是，秩序混乱透了。一个群体就那么几十人，外部世界中又有的是洪水猛兽，遇到自然的、群体之外的强横势力，只能是乱成一团。一次次的吃亏，最后大家得出一个结论，还是得有个"上"，即有个带头人。"天下之乐有上也，将以为治也。"止乱，求治，这就是建立君上的最原始也是最终极的目的。"夫民之不治者，君道卑也。法之不明者，君长乱也。"（《商君书·壹言》）民众没有治理好，那是你国君的政策不高明；执法不严明，那是你国君助长了乱事。你们说这是唯物，我看事实也该是这样。至于吕思勉先生说我的"乱而立君论"颇合欧西民权论中之一派，实在是说反了。我提出这一观点的年代远比欧西民权学派为早，是他们似我，而不是我似他们。

《先秦学术概论》书影（云南人民出版社出版）

一二四问商子

您有一句名言,叫做:"国无怨民曰强国。"(《商君书·去强》)这句话是不是可理解为,评判一个国君是否合格的准则,乃是民心所向?

商鞅:可以从多个视角去理解评判国君是否合格的标准。从法的角度看,只有"胜法"的国君才是合格的,否则就是不合格的。对此,严复所译孟德斯鸠的《论法的精神》作了强调认为"治法"的建立,比"治人"的培养更重要。在这点上,我与孟德斯鸠不约而同。从"壹"的角度看,"圣人之治也,慎为察务,归心于壹而已矣"(《商君书·壹言》)。这是说,能使民众专心致志地从事农战的,就是好君主,否则就不是。而最根本的标准是民心。"国无怨民",说的是国内没有人因为国君的执行政策上的错误而心有怨愤。这样,民心就齐,民志就"壹",民力就专,国家还会治理不好的吗?"国无怨民",说的就是法治,就是公平执法。

严复像

严复翻译了孟德斯鸠的《论法的精神》,并接受了法国式的法治思想,开始反对"有治人,无治法"的传统观念,认为商鞅变法的"国无怨民",即公平执法。

孟德斯鸠像

孟德斯鸠,不仅是18世纪法国启蒙时代的著名思想家,也是近代欧洲国家比较早地系统研究古代东方社会与法律文化的学者之一。著述虽然不多,但其影响却相当广泛。

您有一种说法:"臣闻古之明君,错法而民无邪,举事而材自练,赏行而兵强,此三者,治之本也。"(《商君书·错法》)这是说,作为明君应该做好三件大事:一是"错法",二是"练材",三是"赏行"。可见,在您的观念中,执法就是要劝民立功,立功而后受赏,受赏而后振奋民心,达到富国强兵的目的。如果有人定然要您在三条中拿出哪一条最为重要的话,您的回答将是怎样的?

梁启超像

商鞅: 会毫不犹豫地说第一条最为重要。"错法而民无邪"。我的一切都是以变法、立法、执法为宗旨的。一个合格意义上的明君,他的"明"就"明"在"措法"上。"措法"有力,赏罚分明,民众的利益就得到保护,人民就会自觉自愿地拥护政府,拥护国君,人才也会源源不断地涌现出来,国家也就会大治了。三条都是"治之本",而第一条乃是"本中之本"。

梁启超,中国近代史上著名的政治活动家、启蒙思想家、资产阶级宣传家、教育家、史学家和文学家。戊戌变法(百日维新)领袖之一。其著作合编为《饮冰室合集》。他推崇商鞅"错法而民无邪"的立法思想,在《中国六大政治家》中,将商鞅列为中国历史上最伟大的政治家之一,与管仲、诸葛亮、李德裕、王安石和张居正同列。

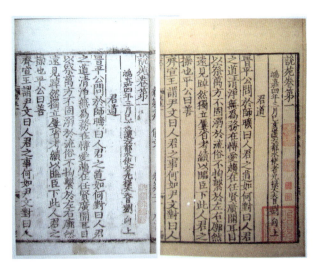

《说苑》(右为宋刻本,左为明前期刻本)书影

《说苑》,又名《新苑》,古代杂史小说集。刘向编。分类记述春秋战国至汉代的遗闻轶事,其中以记述诸子言行为主,不少篇章中有商鞅、韩非等关于治国安民的记载。

记得民国初年有位史学家叫朱师辙的，他说您商鞅至少有两大功业：一是"中国统一之基，成于商君"。二是"其治国精神，实有不可废者"。（《商君书解诂定本》）您看这样说可以吗？

商鞅：我最欣赏的是第二点。从长久的历史角度看，我所提倡的一系列治国精神，的确有许多"不可废者"。就拿"以法治国"这一条来说，万古不易。中国历史有种种曲折和艰难，多少是与法治精神没有好好贯彻有关的吧！就拿"修政作壹"这一条来说，就中国的国情而论，又有哪一天离得了"以农为本"这个"壹"字呢？至于说到我为"中国统一立基"这一点，我当然由衷的高兴的。李斯在《谏逐客书》中也大力歌颂说，商鞅变法后"至今治强"，应该说，这是毋庸置疑的。说实话，为"一统"立基的，有我的一份，但应该说不只是我一人，除我之外，还有他人，我可不敢掠人之美。

李斯雕像
　　李斯名篇《谏逐客书》，高度赞扬商鞅之法对于国富民强有巨大作用。

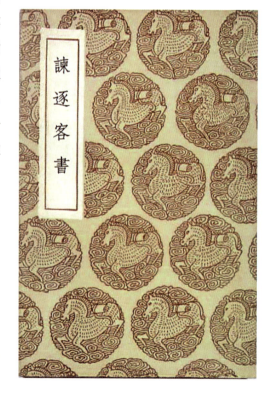

谏逐客书

《谏逐客书》书影
　　李斯在书中说："孝公用商鞅之法，移风易俗，民以殷盛，国以富强，百姓乐用，诸侯亲服，获楚、魏之师，举地千里，至今治强。"

第五章

千秋功罪

　　在诸子百家中，恐怕没有一人像商鞅那样在身后遭受那样多的误会、那么多的非议、那么多的辱骂的了。而且，这种误会、这种非议、这种辱骂，长达一二千年之久，无怪乎近世的国学大师章太炎要为之大鸣不平了："商鞅之中于谗诽也二千年，应予申辩！"（《章太炎政论集·商鞅》）章太炎的话是说得斩钉截铁、痛快淋漓，可真要"申辩"起来，还得花一番苦功夫啊！误会是怎么造成的？非议是怎么得逞的？辱骂是怎么出台的？这些都是值得我们思考的。

　　历史是部教科书，它会告诉我们一切的。

先生，您是毕生致力于变法大业的。早年的"好刑名之学"，可以看成是日后变法的学业准备。"事魏相公叔痤"数年，可以看成是系统学习法家理论的过程。最后是应秦孝公的《求贤令》入秦，实施对中国历史产生巨大影响的"商鞅变法"运动。请问：在变法之初，您想到过变法会遇到那么大的阻力吗？

商鞅：想到过。就在我入秦的那一年吧，秦孝公"欲变法以治"，就召集我、甘龙、杜挚三大夫以及其他相关臣属开展"平画"。所谓"平画"，实际上就是讨论、研究、策划。在那次会议上，我就说："君亟定变法之虑，殆无顾天下之议。且夫有高人之行者，固见负于世；有独知之虑者，必见骜于民。"（《商君书·更法》）变法会招来"天下之议"，变法会"见负于世""见骜于民"，这是当时想到了的。可以说，变法会遇到大的阻力，这是我有较为充分的思想准备的。

当然正如俗语说的，"事非经过不知难"，对此，《皇朝编年备要》也有论及。在初始时，我不会想得那么全。而后来变法中出现的一些人反抗那么强烈，尤其是来自社会最上层的反抗是哪样的触目惊心，却是始料所不及的。

曹操像

曹操，字孟德，小字阿瞒，东汉末年著名的军事家、政治家和诗人，三国时代魏国的奠基人和主要缔造者，后为魏王。他还精于兵法，著《孙子略解》，对于法治也甚为重视。当他马践麦田，按军令将被斩首，在众人的劝诫下，他割发代首。

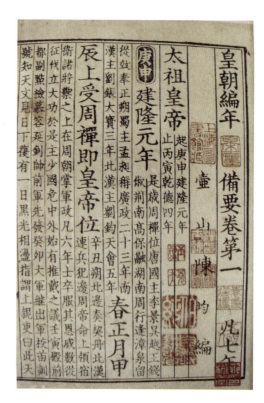

《皇朝编年备要》书影（宋刻本，现存上海图书馆）

我们看到，在二十来年的变法历程中，阻力之大是谁都逆料不到的。"令行于民期年，秦民之国都言初令之不便者以千数。"（《史记·商君列传》）这是一种怎样的场面啊！成千上万的即将在变法中失去特权的旧贵族（当然也有不少不明真相的群众），从全国各地涌向国都咸阳，在咸阳街头结集起来，游行，示威，大呼"初令不便"的口号。他们又与国都的权贵、上层分子结成联盟，对您商鞅为首的变法派施加压力。在这种情况下，您动摇过吗？您想到过要从原有的阵线上往后撤退吗？

刘歆像

刘歆，西汉后期的著名学者。他不仅在儒学上很有造诣，而且在目录校勘学、天文历法学、史学、诗等方面都堪称大家。刘歆在其父刘向编纂《别录》的基础上进一步加工，编成了一部综合性的图书分类目录《七略》，他在《新序论》中评价商鞅说："夫商君极身无二虑，尽公不顾私。"

商鞅：没有，一点儿也没有动摇和后撤的意思。西汉学者刘歆在《新序论》中说我"极身无二虑，尽公不顾私"，这些评说是真实的写照。在数千人到咸阳街头结集的时候，我就准备给以有力的回击。不多久，有了"太子犯法"这件事。我就抓住这一契机，对相关人员公子虔、公孙贾进行严厉的处置。那些来国都闹事的人一看苗头不对，就又改口说变法的好话。不行，我还是处置了这些人，把这些人"尽迁之于边城"。甚至到后来有一个叫赵良的人劝我不要那样的死心眼，要给自己留一条后路，我都没有听他的。变法二十年间，我一直在往前冲，没有一天想到过退缩。

《新序》《说苑》书影

您那样的一往无前,像墨子那样的坚定、执着,是什么力量支撑着您的精神世界呢?有学者说您是最原始意义上的进化论者,您是这样的人吗?如果是,是否可以看成那就是支撑您不断前行的一种精神力量?

商鞅:我有我的精神世界,我有我的精神支撑力。那就是我相信社会是向前发展的,墨子也认定未来社会是发展的,是光明而美好的,那是一个"尚贤""尚同"世界,我并不抽象地说什么"尚贤"和"尚同",而是明确认为未来是一个法制的社会。我不知道那是不是就是你们说的"进化论"。我说过:"上世亲亲而爱私,中世上贤而说仁,下世贵贵而尊官。"(《商君书·开塞》)对我来说,这是一种信念,我坚信历史是这样走过来的:上古之世时,人们只知爱自己的亲人,人各自私;中古的时候,人们推崇贤德提倡仁爱;到了近古之世,就"贵贵而尊官",产生了法律,知法者尊,执法者官,为了法的统一管理,才有了国君。我是在"顺势而行",有什么可怀疑和惧怕的呢?我的信条是:"疑行无成,疑事无功。"我不怀疑我所从事的变法事业,因此我无所畏惧,我坚定不移。

墨子像

墨子,墨家创始人。是一个宣扬"兼爱"的学派。在法家崛起以前,墨家是先秦和儒家相对立的最大的一个学派,并列"显学"。有"赴汤蹈火,死不旋踵"之勇气。从一定意义上说,商鞅吸纳了墨家一往无前的精神。

《墨子》书影

墨子提倡"尚贤""尚同","尚贤"就是推崇贤人之治,这里的贤才不仅要具备孔子要求的"德",还要拥有墨子补充的"才能",也就是要德才兼备。"尚同"就是要求政治上和思想上的统一,这里就有统一"法治"的要求。

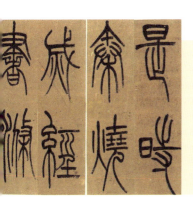

您那样的坚持己见、不屈不挠，站在您对立面的落后保守势力又是那样的强悍，您想到过自己会遭受不幸，甚至会有惨烈的结局吗？

孙星衍书法

孙星衍，清代学者，深究经史文字音训之学，精研金石碑版，工篆、隶、刻印。校刻古书最精。对《商君书》作过校释，把商鞅之死视作"英烈之为"。

商鞅：想到过了。我的"后车十数，从车载甲，多力而骈胁者为骖乘，持矛而操闟戟者旁车而趋"（《史记·商君列传》），有些人理解为是耀武扬威，是一种失态的张扬，实际上这是一种自我防卫，是防止敌手暗算的。赵良明确告诉我，只要孝公一死，"亡可翘足而待"。这是一种警告，我知道事实也正是这样的。但我不怕。有人非难我的"不师赵良之言"（《史记·商君列传》）实际上，我即使听从了赵良的话，退隐山林，那些把我恨到了极致的旧贵会饶过我吗？绝不可能。既如此，我只有拼死殉法一条路可走了。

《史记》书影（宋刻本，现存上海图书馆）

司马迁认为商鞅不讲仁慈而"少恩"，说："商君，其天资刻薄人也。……及得用，刑公子虔，欺魏将印，不师赵良之言，亦足发明商君之少恩矣。余尝读商君开塞耕战书，与其人行事相类。卒受恶名于秦，有以也夫！"（《史记·商君列传》）

我们很想知道的是，您不知想过没有，在您身后，世人会怎样的评述您？人们会是唾骂你呢，还是颂扬你、怀念你？

商鞅：事实上，我在《商君书》一书和其他场合，大多谈的是变法，很少直接谈到我自己。当然，在赵良说我这也不是，那也不是的情况下，我说到了我自己。我用设问的方式对赵良说："子观我治秦也，孰与五羖大夫贤？"意思是说，我总是比得上在秦国历史上立了大功的百里奚的吧！这是一种自信，当然也是一种自慰。

所谓"五羖大夫"，可算是秦国历史上最大的谋臣和功臣了吧！秦晋结好时，百里奚作为秦穆公夫人陪嫁的奴隶身份来到秦国，过后又逃亡到楚国。秦穆公知道他是个大贤人，就用五张黑色羊皮（即所谓"五羖"）把他赎了回来，并很快就封其为大夫，授之以国政，这就有了"五羖大夫"的雅称。他相秦六七年，三置晋国之君（晋君由秦安置，成为秦的傀儡），一救楚国之祸，使巴人致贡，让八戎来服。不管他自身最后的结局如何，但他的贡献是永远的。后人评论道："陶朱与五羖，名播天壤间。"（李白：《南都行》）我欣赏的就是"名播天壤间"这五个大字。

这不就清楚了，我的敢于以五羖大夫自喻，其实也是在告诉世人，不管我个人的命运将来会是怎么样的，但是，有一点是肯定的，由于我的功业，我的坚持变法，坚持历史进步，最终我会像五羖大夫一样："名播天壤间！"

李白像

李白，唐朝诗人，有"诗仙"之称，是伟大的浪漫主义诗人。李白诗云："秦王扫六合，虎视何雄哉！"没有商鞅变法留下的制度基础，秦国怎么可能在后来一扫六国，统一天下。

杜甫像

杜甫，盛唐诗人，他忧国忧民，人格高尚，一生写诗一千多首，诗艺精湛，被后世尊称为"诗圣"。杜甫称："秦时任商鞅，法令如牛毛。"（《述古三首》）

　　章太炎先生有"商鞅之中于谗诽也二千年"一说,可以说是对您身后境况的粗略概说。细细推算起来,您商鞅离开这个世界,距今大约有二千二百余年,身后大致上可以分为三个阶段:最先是身后一百余年的辉煌;其后是二千年的遭"谗诽",其间也有一些志士仁人为商鞅说好话的,但不太多;最后又是百多年的正名,最后阶段用太炎先生的话来说就是"申辩"。走了个大大的"之"字形,不过这个"之"字的第二笔实在太长太长了些。这种情况是大出您的所料的吧?

司马光像

　　司马光,北宋政治家、文学家、史学家,历仕仁宗、英宗、神宗、哲宗四朝。尽管所持儒家保守态度,但对商鞅变法从"立信"开始,还是大加赞赏的。他主持编纂了中国历史上第一部编年体通史《资治通鉴》。

《资治通鉴》书影

　　司马光在《资治通鉴》书中说:"夫信者,人君之大宝也。……昔齐桓公不背曹沫之盟,晋文公不贪伐原之利,魏文侯不弃虞人之期,秦孝公不废徙木之赏。此四君者,道非粹白,而商君尤称刻薄,又处战攻之世,天下趋于诈力,犹且不敢忘信以畜其民,况为四海治平之政者哉!"

　　商鞅: 说我身后会走那么大的一个"之"字形,那总体上是在我的意料之中的,因为在我生前的改革过程中,遇到了太多太多的阻力,承受了太多太多的辱骂。我死后的长期被辱骂,只是生前辱骂的继续和延伸而已,有什么了不得的?《史记》本传中有记述,早在那位好心的赵良劝我回头是岸时,我就下定决心要把变法之路走到底,同时也准备着忍受后人的辱骂和不解。骂归骂,但还是肯定我的功绩的人多,如司马光在《资治通鉴》就说我变法虽"刻薄"(其实是严厉),但"为四海治平之政"。这是公正的评价。

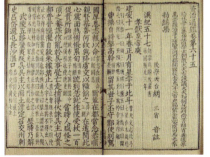

刚才说到的"之"字形的第一笔，就是韩非所说的"商鞅虽死，秦法未败"的那些年。您对"太子犯法"采取了严厉的执法措施。这一点，太子一直耿耿于怀。所以，他的父亲孝公一死，他就马上采取了比您对待他更严厉的举措。不只以莫须有的罪名杀了您，还施以五马分尸的酷刑。但是，太子接过政权，成了秦惠文王之后，他不管对您的肉体是如何的践踏，可在精神气质上他完完全全是属于商鞅的变法派的。秦武王、昭襄王、孝文王、庄襄王，一直到秦王嬴政。这百多年一直坚持着您的商鞅路线，岂不就是"商鞅虽死，秦法未变"？岂不就是您的事业的百年辉煌？

商鞅：历史就是这样的可笑，就是这样的不以个人的意志为转移。从个人的情感来说，孝公的太子对我恨之入骨，那是必然的，因为我触犯了他和他那个团伙的利益和尊严，秦孝公一死，对我实行报复可以说是势所必然的。但是，他一旦当上了国君，那就得考虑国家的利益、群体的利益，就得以大局为重，放弃个人的恩恩怨怨，由不得他使着性子乱来。他要重新审视一切，包括商鞅变法。当他审视的结果是只有坚持变法，才能民富国强时，他就只能背弃自己的初衷，当起商鞅遗嘱的忠诚执行人来了。这就是后世所说的历史的辩证法吧！这里还得说明一点，并非秦法就是那么"严酷无情"的，有"秦简"可以作证。

《韩非子·定法》书影

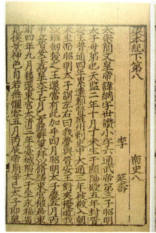
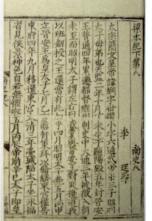

《南史》（右为元大德刻本，左为明洪武刻本）书影

《南史》为唐朝李延寿撰，是中国历代官修正史"二十四史"之一。修史是李延寿一生的主要事业。他参加了唐代官修史书《隋书》《五代史志》《晋书》等的修撰工作。他对商鞅变法持肯定态度，认为同荀子、吕不韦等一样皆为"有识者"。

您似乎还有所不知，在您过世后的百余年间，您的学说，您的著作，广为流传，广为认可，广为传颂，这才真正是百年辉煌呢，您说对不对？

唐太宗像

唐太宗李世民，是唐朝第二位皇帝，他名字的意思是"济世安民"。他是中国历史上最出名的政治家与明君之一。唐太宗维护"一统"，开创了历史上的"贞观之治"，带头严于执法。表示："法者非朕一人之法，乃天下之法。"那些盛世君王无一不是"外儒内法"，无一不是十足的法家。

《管子》书影

商鞅： 对啊！这可能是更主要的。"商鞅治秦，法令至行，公平无私，罚不讳强大，赏不私亲近，法及太子，黥劓其傅。"（《战国策·秦策一》）这是对法治的最大肯定。商鞅使秦国"移风易俗，民以殷盛，国以富强，百姓乐用，诸侯亲服"（《史记·李斯列传》）。这是对我商鞅变法后秦国国富民强的如实写照。更为难能可贵的是，在这百年间，我的那部《商君书》走到了寻常百姓家。"妇人婴儿皆言商鞅之法。"（《战国策·秦策二》）差不多在秦国是全民都读我的书了，岂不壮观！而且，我的书走出了国门，在其他国家也成了珍藏本。"今境内之民皆言治，藏商、管之法者家有之。"（《韩非子·五蠹》）韩非子是韩国公子，他说的"境内"指的是韩国治内，在那里竟至于家家都藏有宣传管仲、商鞅变法思想的读本，这简直是不可思议的。韩国如此，我们为何不可以设想其他国家也如此呢？

您的思想的命运的关键性转折,是在秦亡之际。为兴建这个帝业,如果从您变法算起,那也只有百余年的时间,而秦帝国的实际存在年龄,只有短短的十五年。秦亡后的两千余年,对您的骂声不绝于耳。在中国历史上这样的人物也是很少的。您想一想,那是为什么?

商鞅:秦代末年,尤其是秦亡后,老百姓对秦的暴政恨之入骨,人们把这笔账首先记在秦始皇和秦二世头上,而为秦帝国奠基的我也逃不了罪责。"商鞅之法亡秦!"这短短的六个字,可以说深深地烙在了多少人的心胸中了,久久地,久久地,挥之不去。一直延伸下去,足足有二千年之久!

秦始皇兵马俑

"商鞅之法亡秦",这天大的误会,真是挥之不去啊! 其实,商鞅之法哪里会亡秦呢? 亡秦的是暴政,是秦始皇和秦二世的背离法制的过分的集权和专横。但是,人们分不清这些,似乎暴政与苛政都是与商鞅变法有关似的。这在《唐鉴》等史籍都有论述。对此,我有"适时而法"的理论,不该以彼非此。在《商君书·画策》说:"黄帝之世,不麛不卵,官无供备之民,死不得用椁。事不同,皆王者,时异也。"就是说,黄帝治理天下时,有诸多规章制度,如不让人们捕杀幼小的野兽,不让人们吃鸟蛋,官吏没有供自己使唤的奴仆,死了不能用棺材埋葬,等等。这都是"适于时"而定的法制。这是对自然环境的保护,能说这是"苛政"吗?

黄帝像

是的，如果我们冷静下来想一想，真的"商鞅之法亡秦"吗？明白人心中都知道，不对！完全的不对！您变法强调立法为民，强调法的公平性，强调执法首先要管好上头那些人，强调发展农业、发展生产，强调富国强国，怎么会与"亡秦"连在一起呢？人们为何长期来一直会被这一不公正的结论所蔽呢？

桑弘羊像

　　桑弘羊，西汉名臣，历任大农丞、大农令、搜粟都尉兼大司农等要职，统管中央财政近四十年之久，有理财之大功。他盛赞商鞅之法"国以富强"，"成帝业"，"功如丘山，名传后世"。

　　商鞅：这就说来话长了。其中重要的一条是代表保守势力的那些人，就借秦亡大造其势，非得把法家搞垮不可。在汉代的盐铁会议上，具有法家思想色彩的桑弘羊说："秦任商君，国以富强。其后，卒并六国，而成帝业。"话一出口，马上受到保守的反对派的围攻，他们斥责道："知其为秦开帝业，不知其为秦致亡道。"（《盐铁论》）这是社会保守势力卷土重来后对进步势力围攻的一个缩影。他们四出造势，把秦帝国说得一无是处，当然也把我商鞅说得一无是处了。社会保守势力是代有所出、绵绵不绝的，他们对我商鞅的攻击也永不停歇，而且代有新招。那个苏轼，把我比作"蛆蝇粪秽"，真是攻击到了极端，谗诽到了顶点。

《盐铁论》及《桑弘羊年谱》书影

141

但是，对先生有看法的也不只是社会保守势力啊，一般的文人学士也都认为您"偏激""过分"了，您的许多做法人们不能接受。比如司马迁，对您是又爱又恨。他爱您的富国强国之道，而又对您的"天资刻薄""少恩"投了反对票。请问：这又该作何解释呢？

商鞅：这我懂。凡是力主法治的就会被称为"少恩""无情""残酷"，古希腊哲学家柏拉图主张人治，就被称为"仁慈"，大得好誉，中外概莫能外。中国后来以儒家"亲亲、尊尊"立国，"亲"就是所谓最大的"王法"。谁要是触动了这个"亲"字，"六亲不认"，这就犯了大忌，就是大逆不道。而我的"宗室非有军功论，不得为属籍"，"法之不行，自上犯之"，这些正好是触到了一个"亲"字。于是，"刻薄""少恩"这样一顶顶大得吓人的帽子就飞了过来。司马迁在《史记》的叙述就是出于这一缘故。在法治顺利推行的情况下，还好些；一旦变法受到大的阻力，甚至受到挫败时，就是一桩桩大得不能再大的罪名了。

柏拉图像

柏拉图（约前427年—前347年），古希腊伟大的哲学家，也是全部西方哲学乃至整个西方文化最伟大的哲学家和思想家之一，他和老师苏格拉底、学生亚里士多德并称为古希腊三大哲学家。在他心目中，人治重于法治。

《史记》书影（中华书局出版）

《汉穆拉比法典》书影

《汉穆拉比法典》，是目前所知的世界上第一部比较完整的成文法典。一行行古巴比伦铭文刻在石柱上，又称"石柱法"，为后人研究古巴比伦社会经济关系和西亚法律史提供了珍贵材料。

《汉穆拉比法典》石柱上部

还有一宗大罪名，就是说先生您一贯主张推行暴政。什么"连坐"啊，什么"严刑峻法"啊，"轻赏重罚""轻罪重罚"啊，什么"焚《诗》《书》"啊，这是一提起来就令人切齿的。这也是长达千年人们不能原谅您商鞅的原因吧？

商鞅：我觉得这要作分析。上面列举的这些，加在一起，那我这个商鞅当然是万世罪人了。但是，事情真的是这样吗？并非如此。我在执法上有偏颇，那是肯定的，"连坐"法就有恶果，我应承担。但是，我觉得要分清"严肃执法"与"严刑峻法"之间的界限。我觉得，我主持变法过程中基本上是"严肃执法"，包括对太子、对其师傅的处理都是。至于"严刑峻法"，那是秦始皇的错，不能随意加到我的头上来。"轻赏重罚"是不实之词，我历来是以赏为主的，可以去查书本。"轻罪重罚"，如街上撒灰砍手之类那是殷法，错加到我头上来了。"焚《诗》《书》"更是没有的事，是秦始皇和李斯他们干的。有的是官吏执法的过失，说实话，当时法律也存有概括力不强的缺陷和不周之处，类似于《汉穆拉比法典》的不少条文是用事实说话的，在普遍性上有一定的局限性，我制定的法规也有类似的不足之处，这是历史的局限，相信后人终究能理解的，实际上，后世不少学者对此作了公正和历史的评述。

章太炎先生说，您在两千年间，受了那么多的冤屈，名声给败坏殆尽了，因此要加以"申辩"。您是法家，章太炎先生在为您辩解时也用了法律用语。您看，这样做，好好"申辩"一番，有那个必要吗？

商鞅：有，很有必要。章太炎先生说要"申辩"，这是从两千年来我商鞅受了那么大的冤屈角度讲的。对种种"谗诽"，的确要申辩。不申辩，就不能还历史的真相。"谗"就是小人的谗言，"诽"是恶人的诽谤。对那种种"谗诽"，怎么能听之任之，不好好清算和清理一番呢？至于那些不实之词，如"焚《诗》《书》"云云，也是要申辩清楚的，让大家知道究竟是怎么回事，还我商鞅一个清白身。百年来，这方面的工作做了不少，我很高兴。

章太炎像

章太炎，名炳麟，清末民初民主革命家、思想家、中国近代著名朴学大师。著名学者，研究范围涉及小学、历史、哲学、政治等，著述甚丰。他认为商鞅两千年来受冤了，应予以"申辩"，还历史真相。有关商鞅之专论有《訄书·商鞅》篇等。

太炎先生纪念馆

前面已经说到了，最后百多年正在给您"正名"。这"正名"，按我们的理解是实事求是的把一个真实的商鞅放到人们的面前。有好的，要表彰，也要继承；有错的，要指出，要批评，要防范。郭沫若等专家学者就作了公正的评说。是不是这样呢？

郭沫若像

郭沫若，现代著名文学家、诗人、剧作家、考古学家、思想家、古文字学学家、历史学家和著名的革命家、社会活动家。他对商鞅予以充分肯定。

商鞅：我举双手欢迎这样的"正名"。对我"正名"的工作这些年是做了不少。有正面表彰的，也有反面批判的。只要言之有理，只要符合历史的实际，我都会欢迎和赞同的。社会发展到这样一个大时代，我相信现今的"正名"会比以往任何时期都做得好。

在诸多"正名"意见中，我注意到郭沫若先生说我是"一位重实际的政治家"（《十批判书》），高亨先生说我"为秦始皇统一当时的中国奠定了基础。商鞅是中国政治史上一面进步的大旗"（《商君书注译》），这些说法我当然很高兴。我还注意到，吕思勉先生批评我"主抑商废学以重农，话多偏激"（《经子解题》），张晋藩先生说我的告奸法，"对后代反动统治者实现暴政有重大影响"（《中国法制史》）。这些大致上都使我心服口服。通过论辩和批评，如果真能够"正"出真实可信的商鞅之"名"来，那完全是我的万幸了。

《十批判书》书影

郭沫若在《十批判书》中说："秦王政后来之所以能统一中国，是由于商鞅变法的后果，甚至我们要说秦汉以后的中国政治舞台是由商鞅开的幕，都是不觉得怎么夸诞的。"

商鞅雕像（商鞅广场）

后 记

　　为了提高国民的文化自觉和文化自信，为建设社会主义文化强国添一块砖、加一片瓦，我们花费了数年时间编纂了这套定名为"提问诸子"的丛书。我们的人手不多，写作这样大部头的书稿实在有点勉为其难。好在大家都有决心，齐心协力地干，几易其稿，现在终于可以面世了。

　　有朋友看了样稿后赞道，这是对国学精当的阐释和大胆的浅化。这当然是同道的过誉和奖掖，对我们来说实不敢当。国学博大精深，涵盖了中国固有的文化和学术，除我们涉及的子学外，还包括医学、戏剧、书画、星相、数术等方面的传统文化。若以学科分，应分为哲学、史学、宗教学、文学、礼俗学、考据学、伦理学、版本学等，其中以儒家哲学为主流。若以思想分，先秦时期就有所谓的"诸子百家"，形成了儒家、道家、法家、墨家、兵家等思想体系。我们触及的只是整个国学中的冰山一角，岂敢以偏概全？所言"精当的阐释和大胆的浅化"，倒确是我们的初衷之所在。这个"子"那个"子"，历代统治者为了一己之利，早已把他们涂抹得面目走样了，为文化自觉和自信计，非得还其原本的真相不可。在"精当"两字上，我们确是花了不少气力的。至于浅化，那更是当务之急。"提高全民族文化素质，增强国家文化软实力"，应是国策。既然这是关乎"全民""国家"的事，岂有不浅化之理？

　　需要说明的是，本丛书靠的是集体的智慧和力量。除了笔者的努力外，丛书主编黄坤明先生在选题和框架构想的设定上功不可没。在编撰过程中，得到了国家图书馆、上海图书馆、中华书局、商务印书馆、人民出版社、上海人民出版社、上海古籍出版社，以及诸子故居所在地纪念馆及地方政府的支持，他们给我们提供了大量的珍贵资料和照片，也提出了许多可贵的意见。在编写过程中，我们采纳了张晓敏、江曾培、李国章、陈广蛟、秦志华等先生的许多真知灼见，有关编辑胡国友、刘寅春、李梅、李琳、贺寅、周俊、金燕峰、孙露露、王华、王凤珠等作了精到的修饰和校正，在图文合成中，得到了梁业礼、王轶顺、本本、曾初晓、卢鹏辉、卢斌等的帮助，倪培民教授为丛书简介作了英文翻译，在此一并致谢。

当然，由于作者学力有限，必有偏差、失当和粗疏之处，在此诚望方家好友不吝指教，以待重版时修正。书中的图片有的是请友人实地拍摄的，有的是购买或有关方面赠送的，在此表示谢意外，谅不一一注明了。还有极个别图片已多处使用，且署名不一，实难确定作者。有的图片虽经寻访，但仍然找不到原作者。日后这方面的工作如有所进展，定当按相关规定付以稿酬。

作者

2011 年 10 月 18 日